世图心理

博客：http://blog.sina.com.cn/bjwpcpsy
微博：http://weibo.com/wpcpsy

中国心理学会推荐图书

音乐治疗导论

An Introduction to Music Therapy

（修订版）

高天 编著

世界图书出版公司
北京·广州·上海·西安

图书在版编目（CIP）数据

音乐治疗导论（修订版）/ 高天编著. —北京：世界图书出版有限公司北京分公司，2008.4（2024.5重印）
ISBN 978-7-5062-8769-2

Ⅰ.音… Ⅱ.高… Ⅲ.音乐疗法 Ⅳ.R454-3

中国版本图书馆CIP数据核字（2008）第043088号

书　　名	音乐治疗导论（修订版） YINYUE ZHILIAO DAOLUN
编　　著	高　天
责任编辑	王　洋
装帧设计	黑羽平面工作室
出版发行	世界图书出版有限公司北京分公司
地　　址	北京市东城区朝内大街137号
邮　　编	100010
电　　话	010-64038355（发行）　64037380（客服）　64033507（总编室）
网　　址	http://www.wpcbj.com.cn
邮　　箱	wpcbjst@vip.163.com
销　　售	新华书店
印　　刷	三河市国英印务有限公司
开　　本	880mm × 1230mm　1/32
印　　张	8.75
字　　数	196千字
版　　次	2008年5月第1版
印　　次	2024年5月第15次印刷
国际书号	ISBN 978-7-5062-8769-2
定　　价	39.80元

前言

我是一个经历了中国的几个重大历史时期的“老三届知青”，既经历过上世纪50年代末的大饥荒，也经历过60年代末的“文化大革命”，又成为“文革”后第一届大学生，然后又在80年代赶上出国留学的风潮，在90年代末成了较早回国的“海归”。命运给了我一个不是人人都可以得到的机会：成为第一个把国外的音乐治疗学科系统地介绍到中国的人。回想自己的人生经历，既感慨短短的人生竟然经历了这么多甜酸苦辣，经历了国家的大起大落和天翻地覆的变化，也暗自感谢命运对我的恩宠，让我有了这么丰富的人生。

虽然我们这一代中的大多数人没有像今天的孩子那样幸运地很早就受到良好的音乐教育，但是在我的生命历程中，音乐始终伴随着我，成为我生命中的一个重要部分。这样说不仅因为那些伴随我成长的歌曲成了我人生各个阶段的记忆符号，还因为音乐是我最困难的时候帮我渡过难关的“诺亚方舟”。

记得在“文化大革命”中，由于受到父母“问题”的牵连，我好多次几乎要被中学的“革命委员会”定为“反动学生”。常常会有同学向我通风报信：“革委会正在研究你的问题。”这意味着我不久将每天带着“反动学生”的白色臂章，面对着毛主席的画像请罪，在所有昔日的同学和朋友（当然还有我暗恋的女同学）面前像号丧一样的大声地高唱：“我是牛鬼蛇神，我有罪，我该死！”这无比难听的《牛鬼蛇神歌》。所有人看见我都将像躲避瘟疫一样，远远地用鄙视的眼光监视着我的一举一动。我不能想象自己如何才能在这种境况下生活，每天都生活在惶惶不可终日的惊恐之中。15岁的我已经清楚地闻到了地狱的气息，它正向我走来。我的奶奶受不了巨大的压力，找出绳子要悬梁自尽，被居委会的人发现。他们把我叫了回去，让我看着奶奶。因为知道“隔墙有耳”的道理，我不敢哭，只能用像念经一样的声音反复对奶奶说：“我们要相信群众，相信党……”。其实这时候我早已想好了：“如果真的被定了‘反动学生’，我就跟奶奶一块去死！”

最坏的事情最终没有发生，“革委会”始终没有下决心置我于死地，其原因让我完全没有想到：“高天的小号吹得好，学校的毛泽东思想宣传队离不开他。”就这样，我逃过了一劫，活下来了！

在“广阔天地，大有作为”的口号中，我带着小号来到农村插队。我不但自己沉醉在音乐之中，还鼓动同村的其他知青买了各种管乐器，组成了一个小小的管乐队。这给我们艰苦单调的农村插队生活带来了许多乐趣。有一次，生产队里的饲养员气急败坏地跑来大叫：“别吹了，你们吹得牲口都不吃料了！”天哪！看来那些骡马喜欢听我们的音乐。我们开始欢呼，终于有知音了！后来，我凭着会吹小号的一技之长考上了省里的剧团，摇身一变，成了城里人——一个令人羡慕的专业音乐工作者。这让周围多少人眼红得要出血，马上意识到学音乐竟然可以改变命运，免除下乡插队之灾，于是纷纷学起乐器。方圆几十里顿时乐声四起，学习音乐成为时尚。一些当年的伙伴至今还在专业的文艺团体工作。

我这样的经历其实是一个普通得不能再普通的故事，它曾经，正在，而且将要发生在千千万万的人身上，只是不同的社会历史版本而已。我只是想通过我的故事来说出一个事实：音乐不仅是饭饱茶余之后的娱乐消遣，它还是我们每一个人生命中的一个重要部分，有时候甚至能够成为我们生存的“诺亚方舟”。很多人没有认识到这一点，仅仅因为音乐永远伴随在我们身边，时时地在滋润着我们的心灵，我们就忽视了它的存在和意义。就像妈妈无微不至地呵护着孩子，孩子却会觉得一切都是再自然不过的事情，何劳自己去细心品味和思考。直到有一天，妈妈离开了自己，才突然领悟到妈妈是多么重要。

进了城市，我成了一名专业的音乐工作者，然后是长达7年的乐队演奏员生活。1977年，我考入西安音乐学院，开始学习和研究音乐美学的问题，然后由留校任教……这样，长达20年的专业音乐工作生涯使我自认为早已悟到了音乐的真谛，其实不然。我相信和我过去一样，很多一生从事音乐工作的人，每日潜心研究音乐的技巧和技术，其实并不知道音乐对自己的生存，对人类的生存究竟具有什么样的意义。

我领悟到音乐对我的人生的意义是从我到美国学习音乐治疗开始，但是真正让我越来越强烈地切身感受到音乐对人的生命的力量和作用，则是在我的临床治疗实践的过程中。我在美国一所精神病院工作的时候，亲身经历了让我终生难忘的一幕：那天我第一次到一个老年病区做音乐治疗。按照我的计划，准备带领病人们唱一些美国三四十年代的老歌。这些老人大多属于晚期病程的病人，所以跟随着我唱的病人并不很多，有好几个老人虽然来到音乐治疗室，但是并不参与歌唱，表现出典型的衰退期症状：情感淡漠、少言寡语、行为木讷。这种情况实属常见，所以我并不在意，只管往下进行。然而当我大声宣布“下面让我们来歌唱《天佑美国》（God Bless America，一首美国的爱国主义老歌）”时，有一位一直低着头，从不参与歌唱的黑人老太太突然用很大的声音跟着我唱了起来。我当时并没有对这个现象给予很大的关注，但是身边的护士和心理治疗师却兴奋地跳了起来，我忙问怎么回事。一位护士激动地告诉我：“这个老太太已经有二十多年没有出过一声了！”天哪！我惊呆了。

回国以后，在长期的音乐心理治疗的临床实践中，我越来越多地看到了音乐的美是如何激发和唤起了来访者内心深处的积极的力量，唤醒了他们生命的强大动力，帮助和陪伴他们走出生命的低谷和创伤的阴影，开始了新的生活。每当这时候，我就会从心底发出感叹：音乐的力量竟然如此巨大，远远超出我的想象。多少次面对棘手的病案感到一筹莫展、束手无策时，我会像信赖一个可靠的朋友那样对自己说：没关系，让音乐来搞定！而音乐从来没有让我失望过。我之所以这样说、这样想，并不是想把音乐描绘成一个包治百病的灵丹妙药。其实我所信赖的是每一个来访者内心深藏的强大的生命力，和解决自己的问题和困惑的聪明才智，我相信音乐一定会唤醒他们的这种生命力和自救的能力。这些年的临床治疗实践，也让我悟出了一个道理：音乐并不是饭饱茶余之后的消遣，或与人类的基本生存需要无关的一种超然的精神享受。它从人类形成的第一天开始就始终伴随着人类的成长发展，从原始部落到现代人类，毫无例外地大量地从事着各种各样的音乐活动。人类通过音乐体验来强化对生命的积极体验，从而得到强大的生命动力，帮助人类度过各种难关和困难。

音乐治疗作为一门崭新的学科，已经开始在中国初步建立，并大有蓬勃发展之势。在中央音乐学院已经建立起我国第一个包括本科和研究生层次在内的音乐治疗的专业。这个专业一经建立，就立刻受到了社会的广泛注意，各种媒体争相报道，每年报考音乐治疗专业的考生也迅速增多，现在已经成为中央音乐学院最热门的专业之一。考生迫切需要有关音乐治疗的书籍作为考前的准备和辅导资料。我们也不断地接到来信来电，要求参加音乐治疗师的培训班，并获得有关音乐治疗的书籍。

但是，由于中央音乐学院音乐治疗专业在教学中全部采用英文教材，大量的教学任务使我们无暇进行中文音乐治疗书籍的写作或翻译，所以出版中文教材的工作一拖再拖，欠了热心于音乐治疗的朋友们很多年的“债”。

这次在仓促中编撰了这本《音乐治疗导论》，一来是给准备报考音乐治疗的考生作为参考资料，二来也是帮助喜爱音乐治疗的朋友们对音乐治疗学的基本理论和临床应用有一些初步的了解。

作者

2005年6月30日

目录

第一章 音乐治疗的历史

音乐治疗学是一门新兴的，集音乐、医学和心理学为一体的边缘交叉学科，是音乐的作用在传统的艺术欣赏和审美领域之外的应用和发展。音乐在医学和心理治疗领域的广泛应用和令人振奋的临床治疗效果证明了人类的一个古老的信念：音乐具有驱病健身的作用，对于人类的生存具有重要的意义。我们已经看到，在人类的早期活动和现在尚存的原始部落中，音乐活动在他们的生活里都占有十分重要的地位。这时，音乐的审美意义还是十分有限的，更多的是对人类的生存具有实际的功能。我们不能设想，人们在连基本的温饱和安全需要都没有得到满足的情况下，会把大量的精力放在与自己生存无关的娱乐和审美活动中去。部落中的巫师实际上兼有掌管音乐活动和医生的职责。在古希腊传说中，阿波罗神同样是掌管音乐和医疗的神，这实际上反映了一个事实：在古代，人们头脑中的音乐和治病本来就是一回事。随着音乐的高度专业化发展和人类社会文明的高度发展，人们已经逐渐地忘记和抛弃了音乐本来的作用和功能。直到现代，音乐对人类生存本身的重要意义才又逐步地为人们所认识到。

史前时代的音乐治疗

早期的游牧民族为了生存而联合成小规模的群体，通过狩猎和采集食物维持生活。他们没有农业，没有政治机构或永久的住房。这些群体发展了与其他群体不同的、自己的风俗和礼仪。我们可能只能推测史前生活中的音乐元素，但是我们还可以通过研究现存的现象来了解史前文化时期的音乐。

史前文化时代的人相信音乐的力量可以影响精神和躯体的健康。音乐通常与超自然的力量相联系。比如，在某些史前文化社会中，人们相信在重要的礼仪活动中所使用的歌曲来源于超人类或超自然的力量（Merriam，1964；Sachs，1965）。这些歌曲有他们无法解释的力量，被用来乞求神，并且人们在像宗教或健康礼仪等活动中求助于这种力量。

在一些史前社会的文化中，患病的人被认为是敌对部族的魔法的受害者。他们是无辜的，自然应该得到特有的治疗。然而，在有些社会，人们相信得病的人是为了赎罪。假如有人得了急病而不能承担社会责任了，他就会被驱逐或流放。在这些文化中，疾病的原因和治疗方法首先是由“法师”决定的，这些法师通常为了驱除患者身上邪恶的幽灵或魔鬼而进行魔法和宗教活动。侵入躯体的幽灵的性质决定了法师使用的音乐类型。由于在史前文化时代，疾病的概念不同，音乐师或治疗师的角色和音乐的类型也各不相同。在多数情况下，部落的音乐师或治疗师在社会上占有重要的地位。这些人的职责不仅仅是确定疾病的原因，还包括为驱逐患者身上的幽灵和魔鬼提供治疗。有时，音乐功能是作为实际治疗仪式的前奏曲。在仪式前和整个典礼中可能用到鼓、摇鼓、圣歌和其他歌曲（Sigerist，1970）。我们注意到，音乐师或治疗师往往是不能区分开的。在史前文化社会中，仪式中集体活动的力量，包括家庭和社会成员的力量是得到确认的。为了促进生理的恢复，以治疗为目的的降神仪式或歌舞活动可以为患者提供精神和情绪的支持（Boxberger，1962）。

古代的音乐治疗

随着文明的发展，魔法、宗教和医学理论的因素开始沿着不同的方向发展。在古埃及（约公元前5000年），这些因素是并列的，但是治疗师通常基于某一个治疗理念而使用其中的一种。由于与长老或政府重要官员有着密切的关系，埃及的音乐治疗师享有特权。埃及的长老医生喜欢把音乐作为心灵的药物，通常把歌曲治疗作为医学活动的一部分（Feder & Feder，1981）。

在巴比伦文化的高峰期（公元前1850年），疾病被列入了宗教的框架。患病的人被认为是冒犯上帝而需要赎罪，是冒犯了神的，会受到惩罚，从而被社会驱逐。假如提供治疗的话，治疗也仅仅是宗教典礼的一部分。治疗仪式通常包括音乐。

在古希腊，人们认为音乐对思想、情绪和躯体健康具有特殊的力量。在公元前600年，泰利斯（Thales，古希腊哲学家、数学家、天文学家，希腊“七贤”之一）被认为在斯巴达通过音乐的力量治愈了一场瘟疫（Merriam，1964）。神圣场所、庙宇、专职唱圣歌的人及音乐成为给情绪紊乱的患者的治疗“处方”（Feder & Feder，1981）。使用音乐来治疗精神障碍反映出人类的一个信念，即音乐可以直接影响人的情绪和改善个性。亚里士多德是承认音乐力量的著名的希腊人之一，他认为音乐有情绪宣泄的价值。柏拉图则把音乐描述为心灵的药物。Caelius Aurelianus警告不要无选择地使用音乐来治疗疯狂的患者（Feder & Feder，1981）。

公元前6世纪，在希腊，理性的医学几乎完全取代了魔法和宗教仪式。尽管还有少数人一直把疾病归因于超自然的力量，但是大部分人支持要科学地调查疾病的起因。这是历史上第一次基于实验的证据来对健康和疾病进行的研究（Sigerest，1970）。

对健康和疾病的主要解释是四种体液说。大约公元前380年，希腊名医希波克拉底（Hippocrates，公元前460年~公元前370年，古希腊医师，被称为医药之父）的女婿Polybus在他的论文“人的属性”中描述了这一理论。四种体液是：血液、黏液、黄胆汁和黑胆汁。每一种元素都具有一种独特的气质。良好的健康是这四种体液维持平衡的结果，而两种或更多种元素的不平衡就会导致疾病。生病的个体被认为是劣等的。这一理论影响了随后2000年的医学，成为中世纪最重要的理论。

中世纪和文艺复兴时期的音乐治疗

在中世纪，古希腊已丧失了它的许多辉煌，大约在公元476~1450年，罗马帝国衰败以后，在古代和现代之间，基督教在西方文明中成为主要的力量。基督教的影响使人们对疾病的态度产生了改变。与早前的思想相反，得病的人既不是劣等的，也不应受到上帝惩罚。由于基督教迅速传遍欧洲，社会开始照顾和治疗他们生病的成员。医院建立起来，为那些有躯体疾病的人提供人道主义的照顾。然而，有精神疾病的人却没有这么幸运。人们相信有精神疾病的人是被魔鬼控制的，这些人通常被监禁起来并且被虐待（Boxberger，1962）。

尽管在中世纪，基督教的信仰在很大程度上影响了对疾病的态度，但是医学实践一直是基于在希腊文明中发展起来的四种体液的理论。这种结果也为治疗疾病时音乐的角色提供了基础。大多数政治家和哲学家相信音乐有助于治疗，其中就有波伊提乌（Boethius）。他相信音乐可以使人类的道德改善或堕落。像亚里士多德一样，Cassiodorus把音乐视为一种有效的情绪宣泄，而圣巴西尔（St.Basil）则把音乐作为治疗惊恐情绪的有效工具。许多人相信赞美诗对治疗一些呼吸疾病是有效的（Strunk，1965）。

在文艺复兴时期，解剖学、生理学、临床医学的发展标志着医学科学方法的开始。尽管实验室研究有了很大发展，但疾病的治疗一直基于希波克拉底和盖仑（Galen，古希腊名医及有关医术的作家）的学说，以及四种体液说的复杂解释。在这一时期，有一些音乐、医学和艺术的结合。例如，我们可以看到音乐家查里诺（Zarlino）和医生维萨里（Vesalius）有关音乐和医学之间关系的著作（Boxberger，1962）。

在文艺复兴时期，音乐不仅被用来治疗抑郁、绝望和疯狂，而且被一些医生描述为预防性药物。他们认为特定的音乐可作为加强情绪健康的有力工具。对于那些能够担负现场演出的昂贵费用的富人来说，音乐可以帮助他们保持对生活的积极态度。因为当时流行性感冒肆虐整个欧洲，有时候几乎毁掉整个村庄，所以，在这一时期，乐观的情绪是特别重要的（Boxberger，1962）。

在巴洛克时期（1580~1750），音乐继续与日常的医学实践相联系，并仍然以四种体液理论为基础。除此之外，Kircher（1602~1680）在疾病的治疗中，对音乐的应用提出了新的观点，即气质和特性理论。Kircher相信人格特性与一定的音乐类型是连接在一起的。例如，抑郁的个体对忧郁的音乐有反应。兴高采烈的人最喜欢舞蹈音乐，因为它刺激血液。对于治疗师来说，为治疗选择正确的音乐类型是必需的。Burton支持使用音乐来治疗抑郁，他在《忧郁的解析》一书中写道："音乐除了有无穷的力量可以驱赶许多其他的疾病外，它还是治疗绝望和忧郁的极好的方法，而且可以驱走魔鬼本身。"（Burton，1651）其他的作者，比如莎士比亚和阿姆斯特朗，在他们的戏剧和诗歌中也列举了大量把音乐作为治疗手段的例子（Davis，1985）。

18世纪后期，欧洲的医生虽然一直提倡把音乐用于疾病的治疗，但是他们的医疗理念渐渐发生了变化。随着人们越来越强调医学科学，音乐在治疗中的地位慢慢地降低到了仅有某些具有多学科交叉的整体观念的医生在个案中使用。

在美国的音乐治疗

音乐治疗作为一门独立的学科最早在美国建立起来，而且至今美国仍然是音乐治疗最发达的国家，在世界音乐治疗的发展中具有领先地位。美国音乐治疗协会（American Music Therapy Association，AMTA）也是世界权威性音乐治疗学术机构。看看音乐治疗在美国的发展历史，我们可以了解到音乐治疗是怎样一步步成为一个独立成熟的职业和学科的，它将为中国音乐治疗的发展之路提供很好的经验。

美国音乐治疗最早的文献是1789年发表在美国《哥伦比亚杂志》上的一篇未署名的文章，标题是《音乐的生理思考》（Music Physically Considered），表述了一直到今天还在使用的音乐治疗的基本原则。这位不知姓名的作者发表了一个使用音乐来影响和调整情绪状态的个案。他总结出的一个有趣的结论是：一个人的精神状态可以影响身体健康。作者还主张：由于音乐可以影响情绪，所以它是一种有力的治疗媒介。这篇文章的另一个重点是作者的建议：在疾病治疗中有技巧地使用音乐需要一个经过正规训练的从业者。在1789年提出的这个观点至今仍是有意义的（Heller，1987）。

在整个19世纪，很多音乐家、医生、精神病学家，以及那些对此有兴趣的个人，都一直在促进和支持音乐治疗，很多医院都做了大量有关音乐治疗的实验和尝试。然而，由于这些人彼此独立地工作，所以音乐治疗并未得到全面的应用。在19世纪的最后十年，有关音乐治疗的文章在普通和专业的期刊上出现得更加频繁，社会公众开始意识到了音乐治疗的可能性（Davis，1987）。

20世纪初的音乐治疗

在20世纪的头几年，尽管对音乐治疗的支持是零散的，但仍然在继续。医生、音乐家、精神病学家和普通大众在科学出版物、报纸和流行杂志上发表音乐治疗的个案。临床和实验研究都提供数据来支持治疗师的关于许多情况下音乐是有效的这一论点。除此之外，在医院有大量推动音乐治疗项目的短期组织，特别是为医治第一次和第二次世界大战归来的老兵的生理和精神创伤而设计的项目（Taylor，1981）。

Margaret Anderton是第一个在大学提供音乐治疗课程的人。她是一位出生于英国的钢琴家，在大学组织音乐治疗课程并任教。第一次世界大战期间，她为有生理和精神障碍的加拿大士兵提供音乐治疗服务。1919年，她在纽约市的哥伦比亚大学任教，学生都是准备作为治疗师到医院工作的音乐家。她写道："课程的目的是了解音乐的心理生理活动，并为医学控制下的治疗提供实践训练。"她强烈地相信，音乐家作为治疗师为患者工作之前应该接受全面的训练。

Anderton提倡两种有关音乐治疗的临床基本方法。对于遭受心理创伤的士兵，治疗师应该提供音乐；但对于有生理创伤的士兵，患者的责任是演奏音乐，因为演奏乐器有助于使受伤的胳膊或腿强壮起来。她也喜欢使用木管乐器（特别是对有心理创伤的人），因为根据她的研究，其音色可以产生治愈的效果（Taylor，1981）。

Isa Maud Ilsen，一位音乐家，护士，医院的董事，1926年在医院建立了国家音乐协会。她于1919年和Margaret Anderton一起在哥伦比亚大学担任音乐治疗的教师。在第一次世界大战中，她也在美国红十字会建立的医院中担任音乐指导。Ilsen认为，音乐可以为外科患者以及那些有躯体疾病的患者减轻痛苦。她在医院做了20年音乐家，这帮助她建立了音乐治疗的理论，她认为一个健康的人就是一个协调的人。Ilsen相信，音乐的节奏是最重要的治疗成分，但是她相信某些音乐类型（如爵士乐）不适合用于治疗。

Harriet Ayer Seymour也作为音乐治疗师为第一次世界大战的老兵服务，受Eva Vescelius著作的激励，她于1920年出版了音乐治疗师指导手册——《音乐可以为你做什么？》。接下来的25年，她坚持通过她的著作和临床实践展示，积极推进音乐治疗。在20世纪30年代美国经济萧条时期，她参与了由罗斯福政府实施的一个就业计划项目。在她的指导下，音乐治疗项目出现在纽约的医院和监狱。她进行了各种实验，以确定哪种音乐类型对躯体和精神障碍有效果。Seymour于1941年建立了音乐治疗国家基金。作为主席，她做了很多报告，讲过不少课。在1941到1944年间，她训练了500多个音乐治疗专业的学生（Davis，1996）。

尽管在20世纪头50年，音乐治疗活动的报告数量在迅速增加，但是音乐治疗并没有被医学界接受。Vescelius，Ilsen，Seymour都试图在医院、监狱和学校建立长期的工作，可能是由于医生和医院管理者的支持有限，他们没有获得成功（Davis，1993）。然而，也有一些医生积极地推动音乐治疗。很多著名的医生都热情地支持在手术进行中使用唱机，目的在于在外科手术进行时分散患者的注意力，使患者平静下来。

1925年，W. P. Burdick医生在美国麻醉与镇痛年鉴中报告了唱机不仅被用在手术室，还被用在病房来减少患者的不适感，同时也有助于改善患者的睡眠。Burdick指出，当播放音乐时，甚至最严重的病例也能得到改善，95%的患者对把音乐作为治愈过程的一部分表示出兴趣。

1920年，Esther Gatewood更强调在手术室使用音乐，特别是在实施麻醉过程中。像Burdick一样，Gatewood提倡在外科手术时使用患者喜欢的音乐。但他相信，在开始阶段，音乐与患者的心境相匹配很重要，然后可以一步步改变患者的情绪。Gatewood描述了后来被命名为同步原则（iso principle）的技术。这一技术在20世纪40年代被Ira Altshuler发展得更加完善（Taylor，1981）。

随着更多报告的出现，音乐的应用从手术室迅速传到其他治疗领域。1929年，美国杜克大学不仅仅在手术室和康复领域给患者使用音乐，也为病房里的儿童和成人使用音乐。每个患者可以通过遍布整个医院的耳机或音箱收听音乐。这一发展代表了美国主要医院第一次对音乐治疗有了广泛的关注（Taylor，1981）。

1930年，J. A. McGlinn发表文章，回顾了麻醉在产科和妇科中的副作用。McGlinn报道了在实施麻醉的过程中，音乐可以有效地减轻患者的焦虑而并不干扰手术室的常规活动。他特别提到选择适合患者心境的音乐有四大益处：①音乐有效地掩饰了手术室的声音；②在局部麻醉和脊柱麻醉的时候，音乐吸引了患者的注意力；③在外科手术过程中，音乐使手术室的全体人员，包括护士、医生和其他助手都能得到放松；④音乐为手术后辅助人员在清扫手术现场时提供愉快的环境。McGlinn也反对爵士乐和伤感的音乐，他相信这些音乐在医院没有市场（McGlinn，1930）。

A. F. Erdman医生在20世纪30年代，继续支持外科手术过程中音乐的应用。像McGlinn一样，Erdman相信，音乐可以分散患者对即将开始的手术的注意力。Erdman用耳机做实验，让患者听音乐和外科医生的指导，而不是为全体人员提供音乐。在外科手术之前选择音乐时，要考虑到患者的喜好（Erdman，1934）。

除了在外科手术中，音乐治疗也被应用在矫形外科和小儿科病房。美国国家音乐治疗基金的奠基人，Harriet Ayer Seymour为患结核病和生理障碍的儿童设计了特殊的音乐类型。后来，外科医生，包括K. L. Pickerall及其同事成功地为从入院到出院的各个阶段的患者使用音乐。Pickerall注意到：音乐除了能够减轻焦虑外，通常也降低了药物使用的水平，患者的康复时间也较那些没有接受音乐的患者短（Taylor，1981）。

尽管在20世纪头40年里有大量音乐治疗活动的记录，但是音乐治疗还没有得到常规的应用。虽然有VandeWall、Vescelius、Ilsen和Seymour等人的支持，但音乐治疗一直没有被作为一个有组织的医疗职业发展起来（Boxberger，1962）。

音乐治疗专业的发展

在20世纪40年代，用音乐治疗精神障碍变得更加广泛，部分原因是治疗哲学观念的逐渐转变。包括著名精神病学家KarlMenninger在内的许多治疗家都开始提倡一种整体的治疗方法（即各种治疗模式的结合）。随着这些理念的变化以及对音乐在临床应用的有效性的了解，音乐治疗最后在许多医院成为可接受的治疗模式。

在第二次世界大战期间，包括音乐家紧急基金、住院老兵音乐服务等大量组织，为复员军人医院以及后来的州立机构提供音乐家。这些志愿者协助医院员工为患者组织音乐治疗项目。

那时，许多音乐治疗师是免费的，是业余工作者，他们在医院员工的督导下工作，而且缺乏专业身份。许多人开始认识到专业未来的发展依赖于受训的音乐治疗师的有效领导。在20世纪40年代，美国密歇根州立大学、堪萨斯大学、芝加哥音乐学院、太平洋学院等院校开始设立学士和硕士音乐治疗师的培训项目

（Boxberger，1962）。这些项目的学士组成了第一批受过专业训练的音乐治疗师。他们中的大部分人从事精神患者的治疗工作。

音乐治疗训练项目在几所学院和大学发展起来后，组织全国性的音乐治疗组织机构的活动就开始了。美国国家音乐教师协会音乐治疗学会（MTNT）在20世纪40年代后期就设立了专门的项目来教育音乐家、医生、精神病学家等，以便他们可以把音乐治疗用在学校和医院。Ray Green负责一个委员会，专门组建一个联邦音乐治疗协会（Boxberger，1962）。这个新的组织第一次会议是在1950年7月举行的。参与者通过了一个章程，设立了目标，发展了会员，任命了一个研究委员会。美国国家音乐治疗协会（NAMT）诞生后的第一次年会与美国国家音乐教师协会（MTNT）年会联合会于1950年11月在华盛顿举办。NAMT在成立后的几年中，集中改善教育和临床训练，为音乐治疗师的认证建立标准和步骤。月刊、季刊、年刊，专业出版物也提高了这一年轻组织的信誉。《音乐治疗期刊》（JMT）于1964年出版。这份期刊由William Sears编辑，促进了音乐治疗的研究。

在NAMT成立的那几年，音乐治疗领域中最重要的领导者当属格斯顿（E.Thayer Gaston，1901~1971）。他作为美国堪萨斯大学音乐教育系的系主任，在20世纪40年代、50年代、60年代这三十年间，一直支持音乐治疗，在与堪萨斯州的首府托皮卡市有名的摩门教的诊所合作期间，从事精神障碍的治疗。他在美国建立了第一所实习医生培训站。除此之外，格斯顿在美国堪萨斯大学开始了第一个研究生音乐治疗项目。他的“对知识不知足的渴求，对学术的献身，毫无争议的完美”，使他在这一领域地位显赫，他的许多合作者都称他为“音乐治疗之父”（Johnson，1981）。

在NAMT成立早期，发生的最重要的事件可能是注册音乐治疗师（RMT）证书的建立。这是1956年，它与美国国家音乐学校协会（NASM）合作建立起来的一个音乐治疗师资格认定的服务机构。RMT证书为雇主提供担保——担保治疗师达到了由NAMT和NASM所制定的教学和临床标准。

随着音乐治疗师注册人数的增多，其服务类型也逐渐增多。在NAMT成立早期，音乐治疗师首先是在美国由州政府支持的大型机构中为精神患者工作。到了20世纪60年代中期，音乐治疗师也为有精神障碍的成人和儿童、有躯体缺陷者及知觉损伤者服务。到了1990年，音乐治疗师的患者包括在护理院的老年人、躯体疾病患者以及犯人。在20世纪的最后几年，音乐治疗师工作的领域在不断增加，除了以上所列的情况之外，还有很多音乐治疗师是为改善有雷特综合征（Rett syndrome）[①]、AIDS、药物依赖的患者和临终患者的生活质量而工作。

音乐治疗美国协会（AAMT）成立于1971年。它的许多目的与NAMT相似，但在音乐治疗师的教育和临床培训中有一些方法上的不同，并且更关注音乐治疗在心理治疗领域中的应用。笔者的导师——布鲁夏，是该协会的创始人。1998年1月，AAMT与NAMT一起产生了一个统一的组织，即美国音乐治疗协会（AMTA）。

随着1950年NAMT和1971年AAMT的成立，音乐治疗专业继续成长，两个组织注重建立在教育、临床培训和临床实践上的高标准。除此之外，为了专业的发展，还增加了出版物，包括由

① 一种广泛性发育障碍。——编者注

AAMT于1980年开始出版的年刊《音乐治疗》，以及由NAMT于1984年出版的《音乐治疗回顾》。这些半年刊为特殊人群提供音乐治疗技术信息。自1998年以来，《音乐治疗》和《音乐治疗回顾》成为AMTA的两种官方刊物。在1985年，由NAMT和AAMT主办的认证考试增强了专业的可信度。1999年，在美国有4000多名NAMT成员及700多名AAMT成员在不同的地方为各种有缺陷的人群做音乐治疗。

音乐治疗在中国的发展

中国的音乐治疗的出现是在20世纪80年代后期。而对于中国的音乐治疗的诞生起到催化作用的事件当属1980年美国亚利桑那州立大学华裔音乐治疗教授刘邦瑞在中央音乐学院进行的关于音乐治疗学的讲学。这是第一次对音乐治疗进行系统科学的介绍。他的讲学激起了音乐家和医生对音乐治疗很大的兴趣。1984年，北京大学的张伯源等人发表了《音乐的身心反应研究》的实验报告，报告了被试在聆听欢快的音乐和安静抒情的音乐时的不同生理反应。这是中国第一次发表的音乐治疗科学研究报告。高天（1986）的《音乐对于疼痛的缓解作用研究》随后发表。之后，陆续有多篇有关音乐治疗的临床探索的报告出现。第一本有关音乐治疗的专著应是1987年由高天等翻译的著名音乐治疗学家朱丽叶·阿尔文（J. Alvin）的《音乐治疗学》。之后，普凯元的专著《音乐治疗》（1994），何化君、卢廷柱的专著《音乐疗法》（1995）也相继出版。

有关音乐治疗在临床治疗的实际应用，首先应提到的是1984年湖南长沙马王堆疗养院。该院在中国率先尝试对患者使用音乐治疗。在后来不久的时间里，全国很多家医疗卫生机构开始设立音乐治疗室。1985年北京回龙观医院与中国音乐学院的张鸿懿合作，尝试用主动参与的方法治疗慢性精神分裂症。虽然方法还不够成熟，但突破了简单地让患者聆听音乐的方式，对促进中国音乐治疗的发展具有重要意义。在此之后，200多家医院陆续建立了音乐治疗室，为数众多的医务工作者和部分音乐工作者热心地投入对音乐治疗的探索之中。1989年，中国音乐治疗学会成立，并每2~3年举行一次全国性的音乐治疗学术会议。遗憾的是，从1984年以来，虽然众多医院开展了对音乐治疗的尝试，但是绝大部分医院都是简单地采用为患者播放音乐的形式。这种方法实际上是盲目地给患者使用音乐，以为音乐具有像药物一样的作用，只要搞出来一些所谓“音乐处方”，然后对症播放音乐就可以了。事实上，这样简单地使用音乐是不可能起到治疗作用的，其结果只能导致人们对音乐治疗失望。所以，中国音乐治疗的发展在近十年的时间内并不尽如人意，甚至呈现衰落的倾向，包括长沙马王堆疗养院在内的很多医院先后关闭了音乐治疗室。

值得一提的是，在我国大陆地区的音乐治疗开始起步的6年之后的1990年，我国台湾的首位音乐治疗师张初穗从美国回台湾，在台北新爱儿童发展中心任音乐治疗师，首次把音乐治疗带进台湾。此后先后有19名获音乐治疗硕上学位的海外留学生回到台湾，在一些医院、老年福利机构和儿童特殊教育机构中工作。这些人大部分都具有美国或其他国家的注册音乐治疗师的资格。1996年，台湾的“应用音乐推广会”（相当于音乐治疗协会）成立。该学会以这十几名学成归国的留学生为骨干，不断举办各种讲习班，致力于在台湾推广音乐治疗的事业，取得相当的成绩。尽管台湾距离建立音乐治疗学科和职业的目标还有很长的道路要走，但对比海峡两岸的音乐治疗的发展水平，虽然较大陆起步晚，发展的模式也与大陆不同，音乐治疗的规模小，但专业水准相对较高，发展速度和专业水平显然都超过了大陆。

根据美国发展的经验来看，音乐治疗通常首先是由医务人员开始探索，但是由于医务人员较为缺乏音乐的知识和技能，始终不能摆脱简单聆听的模式，从而无法真正地使音乐治疗发展和成熟起来。由于音乐专业人士的介入，使得音乐治疗的方法从简单的聆听发展到后来复杂的聆听技术以及各种主动参与和即兴演奏等复杂的方法技术，才使音乐治疗最终得到发展和成熟。而音乐治疗作为一个学科，经过60年的发展，已经形成完整和独立的理论和体系，其中包括十多种流派，上百种方法技术。因此必须依赖于一大批经过系统训练的音乐治疗师才能建立，而不是简单地播放音乐，也不是简单地“音乐+医学”或“音乐+心理学”。纵观中国音乐治疗20年来的发展，问题主要在于缺少专业音乐人员的参与，而发展的关键又在于专业音乐治疗师的培养和教育。因此，进行专业的音乐治疗师的培训和教育，建立专业的音乐治疗师队伍，是中国音乐治疗发展的关键。实际上台湾也存在着同样的问题：虽然已经有十几名在国外经过系统严格的训练的合格音乐治疗师分散在不同的医疗机构工作，但目前尚没有一所大学建立音乐治疗专业来培养自己的音乐治疗师。这也成为音乐治疗事业在台湾真正地获得较大发展的瓶颈。

我国最早的音乐治疗教育项目是1989年在中国音乐学院成立的音乐治疗大专班。但是由于专业知识和师资准备不足，在招收两届学生后停办。1996年，中央音乐学院成立音乐治疗研究中心，并于1999年开始招收硕士研究生，2003年开始招收本科生。中央音乐学院的音乐治疗学专业的教学标准和培养目标严格按照国际高标准进行设置，按照美国音乐治疗协会的要求标准开设课程，力图培养出达到世界先进水平的合格音乐治疗师。至此，中国的音乐治疗开始与国际接轨，逐步培养出经过严格训练的合格音乐治疗师，我国的音乐治疗的职业也初见端倪。随着我国医疗卫生的理念从单纯的生物医学模式向人文关怀的理念不断转化，很多医疗领域越来越多地对患者的精神心理需要的重视，可以预见中国的音乐治疗也将会有一个巨大的发展，音乐治疗师作为一个新兴的职业在不久的将来也会有一个巨大的发展。

第二章
音乐治疗的定义及基本原理

音乐治疗的定义

尽管各国不同的音乐治疗组织都有自己关于音乐治疗的定义，但是目前最为权威的定义应属美国著名音乐治疗学家、前美国音乐治疗协会主席，也是作者的导师——坦普尔大学教授布鲁夏（Bruscia，1989）在他的《音乐治疗定义》一书中所做的定义："音乐治疗是一个系统的干预过程。在这个过程中，治疗师利用音乐体验的各种形式，以及在治疗过程中发展起来的、作为治疗的动力的治疗关系来帮助被治疗者达到健康的目的。"

该定义强调：①音乐治疗是一个科学的系统治疗过程。这一过程包括各种不同方法和流派理论的应用，而不是像有些人误解的那样，以为音乐治疗只是一种简单的、单一的疗法。音乐治疗的过程也不是一些随机的、孤立的干预，而是有着包括评估，长、短期治疗目的的建立，治疗计划的建立与实施和疗效的评价在内的严密的和科学的系统干预过程。②音乐治疗是运用一切与音乐有关的活动形式作为手段，如听、唱、器乐演奏、音乐创作、歌词创作、即兴演奏、舞蹈、美术等活动，而不是有些人认为的那样，以为音乐治疗只是听听音乐，放松放松。③音乐治疗过程必须包括音乐、被治疗者和经过专门训练的音乐治疗师这三个因素。缺少任何一个因素都不能称其为音乐治疗。没有音乐的治疗过程不是音乐治疗。因为在音乐治疗中，音乐是一个基本的因素，音乐治疗正是通过音乐的人际或社会作用、生理或物理作用和心理或情绪作用来达到治疗目的的。当然，没有被治疗者作为治疗对象的任何过程也不是音乐治疗。更重要的是，没有经过专门训练的音乐治疗师参与的任何音乐活动也不能称为音乐治疗。有些人在商店里买一些所谓的“音乐治疗录音磁带”或其他音乐唱片回家聆听，也许对身心有一些放松作用，但这不能被称为音乐治疗，因为这里没有音乐治疗师的介入，也就没有治疗师与患者的治疗关系这一关键的动力因素的存在。

音乐治疗的基本原理

音乐是一种强有力的感觉刺激形式和多重感觉体验。音乐包含了可以听到的声音（听觉刺激）和可以感到的声波震动（触觉刺激）。在观看现场演出时可以产生视觉刺激的体验，在音乐的背景下，舞蹈或运动可以产生肌肉的动觉刺激的体验。另外，音乐结构的体验可以长时间地吸引和保持人的注意力，促进人的注意力集中的能力。不言而喻，以上各种体验都是伴随着愉悦的快感进行的。

不同的音乐可以使人产生不同的生理反应，如心率、脉搏、血压、皮肤电位反应、肌肉电位、运动反应、内分泌和体内活性物质（肾上腺素、去甲肾上腺素、内啡肽、免疫球蛋白）以及脑电波等。音乐的节奏可以明显地影响人的行为节奏和生理节奏，例如呼吸频率、运动速度、心率等。另外，不同的音乐可以引起不同的情绪反应。音乐也是一种独特的交流形式。虽然一首歌的歌词可以传达一些具体的信息，但是对于音乐而言，最重要的交流意义是非语言的。美国音乐治疗之父Gaston指出："音乐的力量和价值就在于它的非语言内涵。"音乐的这一交流特点对于临床治疗来说是关键因素，特别是当语言的努力归于失败时，音乐可以帮助建立起良好的医患关系，而这一关系正是治疗成功的基本动力。另外，音乐是一种存在于时间里和由物理结构（空气分子的震动）形成的一种现实存在。这一现实存在是可以被听到、感到、测量到和用图表和符号表示出来的，因此，音乐可以成为一种有效的媒介，来帮助那些从现实和社会中退缩出来的患者重新回到现实世界，建立起与外部现实世界的联系。

自我表达障碍、自我评价低下是大部分心理障碍患者和很多生理障碍患者共同的基本心理特点。一个人必须首先能够正确接受自己，然后才能成功地与外部世界建立起正确的联系。音乐可以成为一个人的自我表达的媒介，丰富自我情感和促进自我成长的途径。在集体的音乐活动这种安全而无威胁的人际环境中，人们可以通过音乐的语言因素和非语言因素的途径来自由表达自己的情绪、情感和意念、思想。在音乐治疗中使用的各种音乐活动可以适应各种不同功能水平的患者，使他们都可以在音乐活动中获得成功的体验。而这种成功的体验对于一个人的自我形成和自我评价是很重要的。

一个健康的个体必须能够成功地在他周围建立起一个正确的人际环境，而无论是心理障碍或是生理疾患的患者都存在不同程度的人际关系方面的障碍。音乐活动通常是集体参与的活动，这种共同的参与过程又常常会有助于建立起一个良好的、亲密的合作关系，并进一步为自己创造一个和谐的、安全的社会环境。音乐的本质，要求参与者的密切配合和精确的合作，任何合作上的失误或失败都会马上导致音乐效果的不和谐和失败，而且这种不和谐和失败会立即反馈给每一个参与者，造成听觉、心理，甚至生理上的不快感。因此，音乐本身具有一种强大的力量要求所有参与者进行完全的合作，并迫使人们控制可能破坏音乐和谐的任何自我冲动和个性表现行为，从而使患者在音乐活动的过程中学习与他人合作和相处的能力和技巧。这种在音乐中的合作能力最终会泛化和转移到他们的日常生活中。另外，音乐的魅力和愉悦性也会吸引那些社会性退缩的人们参与到音乐的社会活动中去，从而改变其自我封闭状态。各种不同的音乐活动可以帮助患者发展其听觉、视觉、运动、语言交流、社会、认知以及自救能力和技巧。同时音乐还可以帮助患者学习正确地表达自我情感的能力。

音乐治疗的过程一般包括四个主要步骤：

1. 确定患者的问题所在，对患者的症状、生理、情绪和社会状态进行全面评估（assessment）。

2. 制订长期和短期的治疗目标（goal and objective）。

3. 根据治疗目标制定与患者的生理、智力、音乐能力相适应的音乐活动计划（treatment plan）。

4. 音乐活动的实施并评价患者的反应（evaluation）。

在音乐治疗的临床中使用大量不同的方法、技术和程序。在音乐治疗的发展过程中产生了各种理论派别，而这些流派与各种不同的心理学理论流派紧密相连，其繁多的方法、技术也都基于这些不同的心理学流派的理论。此外，一些音乐治疗家由于自己在音乐上的特长和治疗上的特点又形成了更多的音乐治疗的独特流派。

音乐在治疗中的基本功能作用

音乐在临床的治疗中的作用可以分为三个方面：生理或物理作用、人际或社会作用、心理或情绪作用。无论哪一种音乐治疗流派或方法，临床应用中都不可避免地应用着音乐的这三种作用，或者说音乐的这三种作用都会或多或少地在任何音乐治疗的实践中发挥一定功能。但是，某一种音乐治疗流派或某一种音乐治疗方法可能会强调或侧重这三种功能中的某一两种功能。

生理或物理作用

国外大量的研究证实，音乐可以引起各种生理反应，如使血压降低、呼吸减慢、心跳减慢、皮肤温度升高、肌肉电位降低、皮肤电阻值下降、血管容积增加、血液中的去甲肾上腺素和肾上腺素的含量降低等，从而明显地促进人体的内稳态，减少紧张焦虑感，促进放松。生理和心理上的长期紧张会对人体造成严重的损害，如导致心脏病、高血压等心血管系统疾病，胃溃疡、十二指肠溃疡等肠胃系统疾病，另外还有癌症、神经性皮炎、荨麻疹、偏头痛等。音乐可以对上述疾病产生良好的治疗作用。

音乐可以产生明显的镇痛作用。由于大脑皮质上的听觉中枢与痛觉中枢的位置相邻，而音乐刺激造成大脑听觉中枢的兴奋可以有效地抑制相邻的痛觉中枢，从而明显地降低疼痛。同时音乐还可以导致血液中的内啡肽含量增加，也会有明显降低疼痛的作用。据大量的实验和临床报道，在手术过程中使用音乐可以使麻醉药的剂量减少一半，手术后的恢复期可以大大缩短甚至不用镇痛药，从而减少麻醉药或镇痛药的副作用。音乐的镇痛作用用来减少产妇在分娩过程中的痛苦，效果十分明显。笔者在1986年所做的有关音乐对于疼痛的缓解作用的研究中，发现与无音乐条件的相比，32名被试在有音乐的条件下痛阈和耐痛阈分别提高了42%和48%（$P<0.01$）。

此外，在20世纪80年代末，美国一些医学家开始研究音乐对人体免疫系统的作用。研究发现，音乐可以明显增加人体内的免疫球蛋白A（IgA）的含量。IgA存在于人体分泌物中，如唾液等，是人体抵抗细菌侵害的第一道防线。因此，音乐可以增强人体的免疫系统功能。这一作用已经得到初步证实。关于音乐对人体免疫系统的作用，研究才刚刚开始，深入的研究还在继续。

人际或社会作用

音乐是一种社会性的非语言交流的艺术形式，音乐活动（包括歌唱、乐器演奏、创作等）本身就是一种社会交往活动。社会信息和社会交往方面的不足，会严重地影响人的心理健康，而患有精神疾病、心理疾病、儿童孤独症和包括老年痴呆症在内的各种老年疾病的患者，以及长期住院的各种慢性病患者，都不同程度存在着人际交往功能的障碍或不足。

音乐治疗师通过组织各种音乐活动，如合唱、乐器合奏、舞蹈等，为患者提供一个安全愉快的人际交往环境，让他们逐渐地恢复和保持自己的社会交往能力。患者在音乐活动中学习和提高他们的人际能力、语言能力、正确的社会行为、行为的自我克制能力、与他人合作的能力，并提高自信心和自我评价。另外，音乐活动为患者提供了一个通过音乐和语言交流来表达、宣泄内心情感的机会。患者在情感交流中相互支持、理解和同情，使各种心理和情感的困扰和痛苦得到缓解。患者在音乐活动中获得了表现自我和感受成功的机会，从而增强自信心和自我评价，促进了心理健康。

心理/情绪作用

音乐对于人的情绪的影响力是非常大的，因此，音乐成了音乐心理治疗师手中的有力武器。音乐治疗师认为情绪可以决定影响人的认知体系。常识告诉我们，当一个人的情绪好的时候，往往会看到事物的积极方面，把坏事也看成好事；而当一个人情绪不好的时候，往往会看到事物的消极方面，把好事也看成坏事。因此，只要情绪改变了，对问题的看法也会改变。音乐治疗师正是利用音乐对情绪的巨大影响力，通过音乐来改变人的情绪，最终改变人的认知。但是他们并不是简单地给被治疗者播放一些轻松美妙的音乐，让痛苦的情绪得到缓解。相反，音乐治疗师会大量使用抑郁、悲伤、痛苦、愤怒和充满矛盾情感的音乐来激发他的各种情绪体验，帮助他尽可能地把消极的情绪发泄出来。当消极的情绪发泄到一定程度时，人内心深处的积极力量就会开始抬头，这时音乐治疗师就会开始逐渐使用积极的音乐，以支持和强化内心积极的情绪力量，最终帮助他摆脱痛苦和困境。对被治疗者来说，这是一个重新面对和体验自己丰富的内心情感世界，重新认识自己，并走向成熟的过程。被治疗者在音乐的激发下重新面对自己的情感矛盾或创伤经历，在音乐的美的感染下，痛苦的情感体验和生活经历逐渐地转化为一种悲剧式的审美体验，从而得到升华，最终成为自己人生不可多得的精神财富，人格也因此走向成熟。成功地完成这种音乐心理治疗的人，通常会在性格上变得更加开朗和自信，在人格上更加成熟，并获得一种在精神上得到新生的体验。

审美作用

无论是文学，还是绘画，或是舞蹈的各种艺术形式，在现实世界中都可以找到它们的原型。而音乐是所有艺术形式中唯一在自然界和客观环境中没有原型的艺术。恰恰是因为音乐在现实世界中没有原型，所以它不受现实世界的束缚，完全由着人类内心世界的需要而随意变化，无所顾忌。也正因如此，音乐与人的内心世界的关系最为直接和贴近。换句话说，音乐纯粹是人类的心灵的创造物，并不受客观现实世界的任何束缚，它是人类内心世界的直接外化。人类在音乐中体会到了完全的自由和解放，也就找到了人类灵魂的自由本质。我们可以看到人们对歌星的追捧远远超过任何其他艺术明星，这是因为音乐最能激发人类内心深处对自我的本质力量的体验。

音乐可以具有各种各样的风格、各种各样的情绪，也可以是高雅或低俗的，但是任何声音具有了音高、音色、节奏等音乐的基本要素，它就与现实世界脱离了联系，完全成为纯粹人类灵魂的创造物，它就具备了美的特质。高雅的欧洲古典音乐如此，原始人的粗犷鼓声和歌声也是如此。所以，所有风格和类型的音乐的最基本的一个共同特点就是“美”。

与音乐一样，美也是人类特有的体验。客观世界本身并没有美与不美的区别，只有当人类将它体验为美时，客观世界才具有了美的内涵。同样，人类的生命，无论是幸福快乐的生命，还是饱受痛苦的生命，它们的一个共同特点也是“美”。布鲁夏指出，“生命是美的，即使是痛苦的生命也是美的”（Life is beautiful，even it's painful）。正因为如此，当人们欣赏一部悲剧的时候，往往潸然泪下，却并不消极厌世，而是为痛苦的生命而感动，也是为生命的美而感动。这就是悲剧的美之所在。中国著名的美学家李泽厚对美的定义就是：“美是人的本质力量的对象化。”也就是说，如果一个人体验到了美，他就体验到了自己生命的本质力量。如果一个人经常在自己的生活中体验到美，那么这个人的生命里就一定是生机勃勃、积极向上的；相反，如果一个人很少或从未在自己的生活中体验到美，他的生命就一定是颓废衰落、消极退缩的。

美的体验像一座桥梁，把音乐和生命紧紧地连接了起来。一个人如果能够在音乐中体验到美，那么他也能体验到生命的美；当他体验到了生命的美，他也就体验到了自己的积极的生命力。人类美的体验就其本质来讲，是一种对自我内部的积极的生命力的体验。

美与人类健康的关系是什么呢？美的体验对于治疗，特别是心理治疗的意义在哪里呢？

让我们来设想一下，一个人受到某一个生活事件的打击而出现了精神创伤。每当他回忆起这一创伤事件，心中都充满了痛苦。这是因为他对自己的创伤经历充满了消极的痛苦体验，并伴随着消极的自我认知观念，如“我真倒霉”“我如此不幸”“命运对我如此不公平”……这种消极的痛苦体验和消极的认知观念使得他对自己的未来失去信心，对自己的生命的价值失去了信心，因而他的人生观都变得消极了。

但是，当在音乐治疗的过程中，这个人在治疗师的帮助下，在忧伤而又优美的音乐的伴随下，重新面对和体验过去痛苦的创伤事件。这时，忧伤的音乐引发和推动来访者把自己压抑下来的痛苦情感充分地宣泄出来，同时，音乐的美的体验伴随着整个创伤事件的重新体验，在不知不觉中，音乐的美的体验与创伤事件的痛苦经历结合起来，逐渐地使创伤体验转化为一种悲剧式的美的体验。当一个人在自己的痛苦经历中体验到了这种悲剧式的美的体验时，创伤事件所带来的影响就会最终转化为一种非常深刻而又积极的人生体验，创伤事件对当事人的意义就不再是消极的而是积极的了。因此我们可以说，音乐的美具有把痛苦消极的创伤体验转化为积极深刻的人生体验的神奇功能。

例如，一位三十多岁的白领女性患有抑郁症。她在生活中充满了自罪感，总是觉得自己活在这个世界上是“罪孽深重”，生不如死，因而她情绪低落，对生活失去兴趣，对周围的一切都感到厌恶。经过一段时间的音乐引导想象（GIM）治疗，她从童年痛苦生活的回忆中不断地释放压抑多年的痛苦情感，经过一段时间的宣泄过程后，她在音乐联想中的想象变得越来越美好，越来越积极。一次她非常兴奋地告诉治疗师：“今天早上我来的时候，走出楼门，突然发现阳光特别地明媚，空气特别地清新，小区的植物都变绿了，小鸟在歌唱。我突然觉得生活这么美好。我甚至在奇怪，这么多年了每天从小区走过，为什么从来没有感到我生活的周围这么美好？”

在以音乐联想为手段的音乐心理临床治疗中，如果来访者的音乐联想越来越多地出现了美好的联想，越来越多地感到了美的体验，治疗师就会很快地意识到，来访者已经开始从痛苦的泥潭里走出来了，治疗的进程已经开始进入一个新的里程碑了。

长久以来，人们都把艺术的审美体验解释为人类超出对现实生存需要之上的一种纯精神的需要，与人类直接的生存没有关系，是一种精神的享受和崇高境界的修养。甚至一些重要的心理学家也有类似的观点，例如弗洛伊德的升华学说（通过艺术创造和审美的形式，使在现实生活中不能得到的一些包括性驱力在内的基本需要得到宣泄或满足），马斯洛的人类需要层次学说（人类首先要满足包括吃、住、安全等最基本的生存需要，然后才会追求自我价值和自我实现等精神层面的满足），都直接或间接地表达出这种观点。但是，笔者在音乐心理治疗的临床经验中越来越强烈地感到，即使表面看起来与人的最基本的生存需要并无直接联系的审美体验，实际上都对人类的生存具有直接的、至关重要的功能，而绝不是很多人认为的那样可有可无，只是一种饭饱茶余之后的享乐而已。

在每一个人的身上都存在好与坏、生与死、积极与消极、乐观与悲观的对立体验，这些对立的体验形成的人的生命中的积极和消极的两种对立的力量和倾向。二者此消彼长，从而决定了一个人的生命力的衰落枯竭或者蓬勃向上。具有积极强大生命力的人拥有坚强的体魄，不易为疾病击倒，甚至可以战胜别人不能战胜的，如癌症之类的可怕疾病。但是生命力衰弱的人会被一些原本并不严重的疾病夺去生命。同样，具有积极强大生命力的人可以承受常人所不能承受的精神打击和伤害，而生命力衰弱的人会因为一些并不严重的伤害或挫折去自杀。因此，对生理疾病治疗的成功与否最终取决于个体本身的生命力（即个体的生理抵抗力和自愈能力），而对心理疾病的治疗成功与否最终也取决于个体本身的生命力（即个体心理上的自我解救和自愈能力）。

那么这种决定人的生存的强大生命力又是什么呢？简而言之，就是对生命的存在本身的一种良好、愉悦和积极的体验。而这种积极体验最集中的形式就是审美的体验。如果一个人能够在自己的生活中经常地体验到快乐、愉悦和美，他也就感受到自己生命的美好，那么他的生命力就是强大的，具有对打击和创伤的强大承受力和自愈自救的力量。如果一个人不能在自己的生活中感受到快乐、愉悦和美，他就不能感受到自己生命的美好，那么他自然就会感到人生苦短，生不如死。我们在生活中常常会见到或者听到很多人会因为一点小事（例如一次考试没有考好，受到了别人的批评等）而自杀。

在我的音乐治疗临床实践中，我常常发现，如果一个来访者在音乐的体验过程中能够出现较多的积极的美好的想象，我就完全不用担心他会出现自杀的可能。相反，如果当我发现对一个来访者无论我使用多么美好的音乐都不能引发他产生积极的美的想象，我立刻就得到了一个强烈的信号：这个人存在着很大的自杀的危险倾向。在这种情况下，我迫切地需要进行的不是对问题的探究和情绪的宣泄，而是竭尽全力地强化他美好的想象和体验。在精神创伤的治疗中，这种方法被称为“稳定化技术”。同样，在成功的音乐治疗过程中，来访者并不是被治疗师的高超技术所挽救，而是在美的音乐的伴随下进行的一个自救过程。美的音乐不但可以帮助来访者淋漓尽致地宣泄压抑已久消极情绪，更重要的是可以唤醒来访者对美的体验，也就是唤醒来访者内心的积极的生命力量。而这种美的积极的生命力量最终引导来访者自己走出困境，摆脱痛苦，并找到解决现实困难的办法或方向。由此可见，无论是艺术体验中还是日常生活中的审美体验，对于人的生存本身都具有直接的重要功能，而不仅仅是一种虚无缥缈的精神享受而已。

音乐治疗的层次

音乐治疗是在不同的治疗环境和治疗条件下，根据不同的治疗目标，进行不同层次的治疗。美国著名音乐治疗家Wheeler（1983）根据以前的心理治疗的分类体系和临床实践以及研究，将音乐治疗的临床应用分为三个层次。各种音乐治疗方法技术可以根据治疗的需要和方法的适应性来归纳到这些不同的层次中。

支持性的层次

在支持性层次的治疗中，治疗的目标一般来说是通过各种治疗性的音乐活动，而不是通过心理的内省或心理的分析来达到的。支持性音乐治疗活动是通过提供患者参与和体验治疗过程的机会，以强化患者健康的行为。内省、思考和语言的心理分析等方法的使用在治疗过程中仅占很小的部分，治疗的重点集中在对“此时此地”的体验和可观察的行为上。活动的目标是增强正常的心理防御机制，促进正确的行为控制能力，支持健康的情感和思想，打破社会性孤立状态，提供安全感和现实社会的信息刺激，把患者置于集体的动力影响之下，并对紧张焦虑的患者起到安抚作用。治疗性的音乐活动是有严格计划组织的干预过程，目的是为患者提供情感上的支持，使其有体验成功感的机会和缓解焦虑等。在音乐活动过程中，治疗师对患者进行指导、支持并提供安慰和建议。从那些自我人格基本完整，仅仅是在紧张状态下暂时产生心理障碍的正常人，到那些精神创伤、心理严重退行或有幻觉幻想的急慢性精神病患者，有器质性和情绪性症状，或严重恐惧和不同程度焦虑的患者，都可以从这一层次的音乐治疗中获得帮助。

认知和行为的层次

在认知和行为层次的音乐治疗过程中，音乐活动的同时伴随着治疗师与患者之间的语言交流，而且语言的交流越来越重要。在治疗过程中，音乐活动的内容主要是针对情感和思想观念来安排的，并成为语言讨论过程的主题。治疗强调暴露个人的思想、情感和人际关系中的问题。治疗的注意力主要集中在对“此时此地”的体验以及治疗师与患者之间的人际反应过程。在这一层次的治疗中，患者的心理防御机制和不正常的人际行为都可能受到挑战，而治疗的目的是建立和促进正确的社会行为模式。

因此，治疗活动的设计强调认知情感，创造性地解决自己所面临的问题，促使不良行为的改变。但是，在这一层次的治疗中，并不对潜意识矛盾进行探索。对比前面的支持层次而言，仍然要求患者把主要精力放在自我暴露上，并积极通过内省来理解自己的行为。认知层次的音乐治疗体验，侧重于帮助患者重新建立自己的价值体系和行为模式，学习新的人际态度和责任感。

行为主义取向的音乐治疗师把音乐作为强化物，利用音乐的愉悦作用，让患者参与各种音乐活动，在音乐活动中学习或发展积极健康的行为习惯或技能，同时抑制或消除消极、不健康的行为。行为主义取向和认知疗法取向的音乐治疗因为最适于在医院和各种医疗、特殊教育机构中大范围人群中集体使用，所以从20世纪50年代以来一直是美国音乐治疗的主流方法。

心理分析和体验的层次

从20世纪70年代中期以来，音乐治疗在探索深层心理治疗中的巨大潜力和价值逐渐被人们注意，越来越多的音乐治疗师发现音乐与人类潜意识活动联系密切。音乐与潜意识活动有一个显著的共同特点，即它们的非语言性。音乐与潜意识一样，就其本质来说，是无法用语言来描述的，正所谓“只可意会不可言传”。但它们都对人的情绪心理产生巨大的影响。

在这一层次，音乐治疗活动被用来发现、释放和解决那些对个体的人格发展产生消极影响的潜意识矛盾。心理学认为，人的适应性行为不是建立在思想意识之上的，而是由人的潜意识的心理活动引发的，例如生活中与现实矛盾所产生的压抑。在这一层次的治疗中，音乐治疗活动常常被用来引发联想和与现在或过去经历有关的情感，被治疗者的潜意识内容被用来重建新的心理防御机制，深化自我理解，促进自我的冲动控制能力和更加成熟的本能动机及内驱力，进而达到重建人格的目的。

这一层次与认知和行为层次的治疗的区别在于，它要求患者内省的程度和性质不同，集中在患者的过去经历（精神分析取向）或人格内部的结构或矛盾冲突（存在主义、格式塔主义取向）。心理分析和体验的层次的治疗目的是引发对关键的潜意识矛盾的领悟，通过在内省中经过对最深层的恐惧和矛盾的领悟，促使人格转变。通常，心理分析层次的治疗是治疗师用来针对心身疾病、抑郁症、人格障碍和神经症的行为症状的。

这一层次，要求治疗师必须受过高级水平的训练和督导。参与这一层次治疗的被治疗者通常要向自己的现有人格结构进行挑战，必须能够，并有足够的治疗动机参与这种通常为长程的治疗。

这三个层次的音乐治疗虽然治疗干预的深度不同，但是我们不能说哪一个层次的干预更为重要。支持性层次虽然干预的深度较浅，但是在临床应用中可以同时面对数十人甚至上百人的群体，受众面可以做到很大，非常适于在大中型的医疗机构或教育机构使用，因此它有着不可替代的优势。支持性层次的音乐治疗干预对音乐治疗师的能力的要求其实也很高，他必须具有较强的音乐技能和对治疗集体的组织控制能力，在有很多人的场合，既要能够充分渲染和烘托现场的愉悦气氛，通过音乐活动达到治疗的目的，还要能够牢牢地抓住每一个患者的注意力，并随时处理可能发生的，包括个别患者行为失控在内的意外情况，形成一个有高度组织和结构的治疗环境。另外，还要尽可能适应不同患者对于音乐的不同爱好和欣赏习惯，这就要求治疗师能够熟练地掌握各种不同时代、不同风格的音乐。

认知和行为的音乐治疗干预层次较支持性的层次深，但人数通常不可多。一般以8~12人的小组集体形式为宜。在这一层次的治疗过程中，使用语言的比重明显增加，因此对治疗师的语言技巧和运用心理治疗，特别是认知疗法的能力的要求也就随之提高。

心理分析和体验性的音乐治疗干预所涉及的心理层次最深，同时它的受众面也最小。深层次的音乐心理治疗干预具有对情绪影响巨大、可以直接涉及潜意识和深层次心理结构的特点，因此，对于音乐治疗师在心理治疗领域的训练的要求也最高。在欧美，只有具有硕士以上学位，并经过规定时间的督导训练（通常为100~150小时）的治疗师才有资格从事这一层次的治疗。

第三章 音乐治疗的形式

音乐治疗的形式分为个体音乐治疗和集体音乐治疗两种。治疗师根据治疗的目的、患者的生理心理条件和治疗环境选择不同的治疗形式。

个体音乐治疗

个体治疗是指一个治疗师与一个患者的一对一的治疗形式。在个体治疗中，治疗师与患者的关系至关重要，它往往决定治疗的成败。这里的医患关系应该是建立在共情、理解、信任和支持的基础上。治疗师与患者应该是平等合作的关系，共同积极参与治疗过程，帮助患者达到治疗目的，而不是一般的医患关系，这是个体音乐治疗的关键所在。同时，移情与反移情的现象也是个体治疗中至关重要的。恰当处理移情关系可以增加医患之间的理解和共情，使关系更加和谐，从而建立起巩固的治疗联盟。处理不当则会导致治疗的失败，造成患者更大的精神创伤。

就个体音乐治疗的目的而言，它适用较深层的心理分析与治疗，为患者提供一个开放和暴露自己内心深处的情感和情结甚至隐私的安全环境。治疗师与患者共同探讨、分析、挖掘和理解患者的内心深层世界，乃至潜意识矛盾。因此，个体治疗是音乐精神分析学派常常采用的方法。当然有些由于生理条件或心理因素限制的患者不能参加集体治疗，也会被安排个体治疗。

集体音乐治疗

集体治疗的治疗目的与个体治疗不同。如果说个体治疗强调的是治疗师与患者之间的关系，那么集体治疗强调的则是小组成员之间的动力关系。集体治疗的特点在于为患者提供一个“小社会”的环境，患者在集体的音乐活动中与其他成员以及治疗师形成一个多层次的互动的治疗关系。每个成员的行为及心理都受到其他成员的影响，并同时影响着其他成员。在这一集体环境中，有社会行为障碍的患者可以通过音乐活动和音乐交流学习来促进自己的社会交往和与人沟通的能力，学习理解和接受他人的情感及行为，患者可以在这一环境中逐渐调整自己的社会角色，建立起集体意识和社会现实感，控制不良的反社会行为，强化为社会所接受的行为。

组织集体治疗小组时应考虑到治疗目的和患者条件。例如以促进社会交往能力为目的的小组应由约三分之二以上社交消极的患者和约三分之一社交积极的患者组成。消极的患者过多会使小组死气沉沉，活动难以开展；积极患者过多会使消极患者更加退缩，失去安全感。组织这种小组应注意患者特点的多样性。这种小组被称为“异质小组”。

在组织以心理治疗为目的的小组（如精神创伤、孤独老年人等）时则要注意患者特点的一致性。同类患者在一起可以相互交流情感体验，学习和了解其他成员的经历，反过来增加对自我的了解和体验。小组成员在一起相互支持、理解、倾诉，分担彼此的痛苦，从而获得安全感和认同感，并从其他成员的经验中学习应对打击和痛苦的方法。如果有非同类的患者介入，则会破坏这种安全感和认同感，妨碍感情宣泄和内心暴露。这种小组称为“同质小组”。

小组以8~12人为宜。人数过多容易失去控制，治疗师也不容易对每一成员给予足够的注意。人数过少则缺乏足够的交流，也难以形成丰富的人格特征类型。座位安排应形成一个圆圈，使每一成员，包括治疗师都有一个平等的位置（图3-1）。

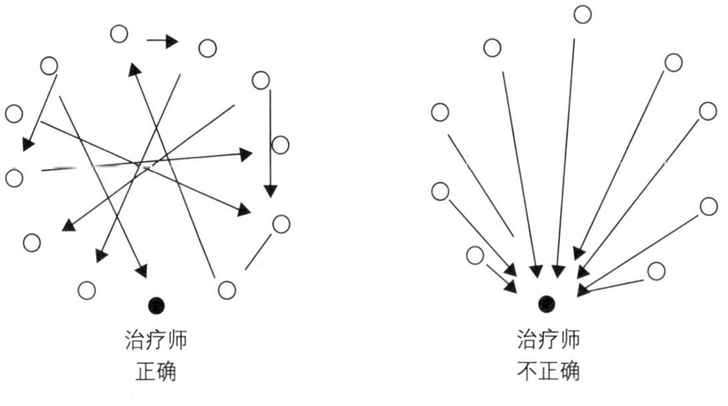

图3-1　集体治疗小组动力关系示意图

在集体治疗中，最重要的是充分调动小组成员之间的互动反应，避免每一个成员都仅仅与治疗师发生反应。小组成员之间的动力关系远远比治疗师和个体成员之间的动力关系更为重要。

第四章
音乐治疗的方法

音乐治疗的方法虽然很多，但是大致可以分为三种：接受式、再创造式和即兴演奏式。接受式音乐治疗的方法是通过聆听音乐的过程来达到治疗的目的；再创造式音乐治疗的方法是通过主动参与演唱、演奏现有的音乐作品，根据治疗的需要对现有的作品进行改变的各种音乐活动（包括演唱、演奏、创作等）来达到治疗的目的；即兴演奏式音乐治疗方法是通过在特定的乐器上随心所欲地即兴演奏音乐的活动来达到治疗的目的。

接受式音乐治疗

接受式音乐治疗（receptive music therapy）强调聆听音乐以及由聆听音乐所引起的各种生理心理体验。接受式的音乐治疗方法很多，这里只简单地介绍其中几种：

歌曲讨论

这是最常用的方法之一，多用于集体治疗。可以由治疗师或被治疗者选择歌曲，聆听之后对音乐以及歌词的含义进行讨论。此方法的目的在于：

1. 引发小组成员之间的语言和情感交流。治疗师以选择歌曲的方式来确定讨论的主题和讨论的方向；被治疗者选择的歌曲则透露出他的想法和情感状态以及与其他小组成员分享自己的想法和情感的意愿。这些都是引发和促进语言交流的很好契机。

2. 帮助被治疗者识别不正常的思维和行为。被治疗者由于心理或情绪的障碍以及人格的扭曲，常常对歌词的含义有不正常的理解或认识的误区。通过小组讨论，治疗师与其他成员可以对不正常思维进行澄清和纠正。

3. 被治疗者对某一种音乐风格、形式或某一首歌曲、乐曲的喜爱和认同往往能反映出他的深层心理需要或人格结构特点。因此，治疗师通过对被治疗者提供的歌曲或乐曲进行深入分析、体验和探讨，了解和发现患者的深层心理需要和问题。

例如，在一次小组治疗中，笔者要求每一位患者提供一首自己最喜爱的歌曲或乐曲供大家欣赏和讨论。一位年轻的女性成员提供了一首美国著名男性歌手西蒙（Paul Simon）的歌曲斯卡布罗集市（Scarborough Fair）。她表示自己并不懂英文，听不懂歌词，只是特别喜爱歌手的嗓音和音乐的旋律。她说歌手的嗓音明亮柔和，音乐旋律温柔抒情，让自己感到很亲切。笔者随即询问她和父亲的关系。她立即开始流泪，说自己从小没有得到父爱，爸爸从来都不肯抱抱自己。治疗师进一步问她心目中理想的父亲应该是什么样子，她说自己从小就一直幻想自己有一个温柔亲切的，爱自己的爸爸。治疗师又问道："就好像这首歌曲给你带来的这种感觉吗？"她点点头，开始失声痛哭……

我们从这个例子可以看到，治疗师在对一首歌曲的讨论中可以很快地触及患者很深的内心创伤，以及她的深层心理需要。

歌曲讨论的方法既可以在浅层的支持层次的干预中使用，即引导被治疗者对歌曲的音乐欣赏体验进行简单的讨论；也可以在认知层次的干预中使用，即引导患者对歌曲中表达的思想观念进行讨论，以达到改变错误认知的目的。该方法也可以在心理分析的深层次的干预中使用，即通过对音乐体验的讨论来发掘被治疗者的潜意识情感矛盾。

音乐回忆

治疗师要求被治疗者选择一首或数首歌曲或乐曲在小组中播放。这些歌曲或乐曲都是他在自己的生活历史中有着特别意义的。此方法的目的在于引发音乐所伴随的情感和回忆。在现代社会中，音乐已深入到社会的各个领域，以致几乎每一个人在他的重要生活经历中都会有特定的音乐回忆与之伴随。一首抗战歌曲可以立即引发一位经过抗日战争时代的老人对当时生活经历的生动回忆；同样，一首"文革"歌曲会把人们带回"文化大革命"的风风雨雨中去。在听到这些音乐时，丰富的生活事件往往会立即活生生地出现在人们的脑海之中，并出现相关的情绪反应。当此方法被运用在集体治疗中时，小组的成员互相倾诉自己的往事，宣泄自己的情感，互相支持和安抚，以促进相互理解和情感沟通。

在个体治疗中，治疗师通过音乐回忆来达到探索和了解被治疗者的生活历史和情感事件的目的。例如治疗师要求一个新来的被治疗者按照自己成长阶段的顺序，选择与每一人生阶段相联系的一段音乐，形成一段“个人音乐历史”。治疗师可以通过这些音乐在较短的时间里很快地了解到被治疗者的较为完整的成长史和情感发展史。

在使用语言的传统的心理治疗中，患者对往事的回忆，特别是早期经历往往是冷静的、理智的、缺乏细节和情感色彩的，尤其处于阻抗阶段的患者更是如此。例如，我们在临床治疗中常常可以看到，当被治疗者讲述一些有关童年的创伤经历（例如因某些过错而受到父母的责打）时，他们常常是很冷静的，不带有情绪色彩，甚至可能在笑着叙述。也就是说，患者对于早期经历的记忆与当时的情感体验是分离的。但是当与治疗师或小组成员分享了自己童年时代所喜爱的歌曲的时候，被治疗者往往容易回到童年的回忆和过去的情感体验中去，形成某种心理的退行状态。这样就可以使自己的童年情感体验与童年的记忆重新结合在一起，从而把当时事件中的情感体验重新释放出来。

例如，对五六十岁的人来说，“让我们荡起双桨”这首歌曲可以很好地帮助他们回到自己童年或青少年时代的回忆中去，激发起他们对于当时的很多生活场景和事件的回忆以及与之相关的各种情绪体验。因此，音乐回忆的特点就在于它的生动和富于感情色彩，较少遇到阻抗，也可以使治疗师较为容易地了解到事件对患者产生的深层心理影响和意义。

这种方法在老年患者，特别是老年痴呆症患者中最为常用。治疗师利用音乐对记忆的刺激作用来引发和改善患者的记忆力，延缓记忆力衰退的病程。在老年痴呆症的临床治疗中，我们常常可以看到一个有趣的现象：当治疗师问患者有没有听过一首在他青年时代最为流行的歌曲时（如20世纪60年代的电影《洪湖赤卫队》的插曲“洪湖水浪打浪”），他会说自己没有听过。但是当治疗师开始为他演唱这首歌曲时，患者会跟着一起唱，而且连歌词都唱得很清楚。唱完之后再问他有没有听过这首歌，他仍然回答说从未听过。这个现象说明患者对这首歌曲的记忆是存留的，而且可以通过音乐激发出来。治疗师就会不断地利用音乐的刺激作用来激发患者的记忆力，帮助他恢复与这首歌曲有关的各种记忆，包括音乐的（旋律、歌词）以及非音乐的（歌手的名字、相关电影的名称以及故事情节、当时的社会背景、被治疗者在当时的有关生活事件的细节等）记忆。经过一段时间的治疗，我们会发现患者的记忆力得到了明显的改善。

音乐同步

治疗师使用录制好的音乐或即兴演奏音乐来与被治疗者的生理、心理状态同步。被治疗者与音乐产生共鸣后，逐渐地改变音乐，把被治疗者的生理、心理和情绪状态向预期的方向引导，以达到治疗目的。例如治疗师给抑郁症患者播放或演奏与他的情绪状态一致的，缓慢忧伤的音乐，当被治疗者的情绪与音乐的情绪产生共鸣后，逐渐改变音乐的情绪色彩。可以先使用缓慢忧伤的音乐，然后安排使用较为明朗抒情的音乐，然后使用节奏较为明确稳定，情绪较为积极的音乐，然后再使用节奏欢快，情绪积极振奋的音乐。而对于躁狂或焦虑的被治疗者则可以安排相反顺序的音乐。

音乐对人的情绪影响是非常有力的，只要能真正做到使音乐与被治疗者同步，绝大多数被治疗者的情绪会很快与音乐情绪发生共鸣，并跟随着音乐的改变而改变自身的生理、心理状态。但这里需要注意的是，使用的音乐风格必须是治疗者喜爱的，至少是能接受的。另外还要注意的是，不能主观地认为某一种音乐就一定会引起某一种情绪。要注意到被治疗者对音乐反应的特异性。例如一位女性被治疗者，童年时，她父亲常常带她到舞场，但父亲自己沉醉于跳舞，置她于不顾。这种特殊的生活经历，使她对欢快的圆舞曲节奏产生厌恶的情感和被遗弃的恐惧反应。音乐反应的特异性在治疗阶段开始前，应通过对被治疗者的音乐史的了解，尽可能多地掌握。

音乐想象

被治疗者在特别编制的音乐的背景下产生自发的自由想象。这种想象通常是生动的视觉联想，有时会伴随强烈的情绪反应。想象不会是无意义的，它往往会与被治疗者的深层的内心世界和潜意识中的矛盾有关。治疗师可以给予被治疗者导向性的指导语，例如："想象你走在一条小路上……你看到了一座房子，这是你小时候住过的房子……"治疗师也可以不给予被治疗者明确的联想指导语，而是说："请你仔细体验音乐，看看音乐会给你带来什么样的画面？"在个体治疗中，治疗师与被治疗者在音乐想象的过程中可以保持语言的交流，随时了解被治疗者想象的内容和当时的情绪状态，并在需要的时候对被治疗者的想象进行引导和推动。在集体的治疗场合，治疗师不与被治疗者保持语言交流，而是在音乐结束后，被治疗者向治疗师报告想象的内容，双方共同探讨想象内容的意义，帮助被治疗者了解自我，体验自己的内心情感世界。

音乐想象还可以分为引导性的（directive）和非引导性的（nondirective）两种：

1. 引导性的音乐想象的特点是治疗师始终引导和控制着音乐想象的全过程，其中包括对音乐的选择、想象情景的设定以及过程中想象进程的发展，而被治疗者基本上是跟随治疗师的引导进行想象。想象的内容通常是美好的大自然情景和良好的自我体验（高峰体验）。这种方法通常在较浅层次上进行干预，目的在于减轻消极的心理和生理体验，增强积极的心理和生理体验，以达到减轻或消除焦虑、紧张或抑郁，建立和强化安全感、放松感和良好的自我体验的目的。在这种情况下，治疗师并不面对或触及被治疗者的内心痛苦情绪或矛盾冲突。

   引导性音乐想象通常被运用在单纯的音乐放松训练或深层次心理治疗的开始阶段（稳定化阶段），其目的是帮助被治疗者增强面对内心痛苦的承受能力和自我的力量。在这种情况下，治疗师一般选择美好、抒情并富于情景描绘特点的音乐。音乐的结构不宜复杂，要特别避免选择富有激烈的发展和矛盾冲突的交响乐作品。

2. 非引导性音乐想象的特点是治疗师不对被治疗者的想象进行引导，而是把想象的主动权交给被治疗者，让被治疗者进行自由联想，而治疗师对想象内容的方向的控制是通过对音乐的选择来体现的。在这里，治疗师的任务是跟随被治疗者想象的方向，推动和深化被治疗者的想象深度和情绪反应。这种方法通常会被运用在深层次的心理治疗过程中。被治疗者在受到音乐情绪的影响而产生的丰富的、富于情绪色彩的想象中体验、发泄和挖掘丰富而又复杂的内心世界和潜意识的心理活动，以达到宣泄痛苦情绪、认识自我和人格成长的目的。在这种情况下，治疗师通常选择结构复杂、充满矛盾冲突和复杂的情绪特点的交响乐作品。

音乐引导想象

“音乐引导想象”（guided imagery and music，GIM）是美国的Bonney博士在非指导性音乐想象的方法的基础上发展出来的，完整系统地以使用音乐想象为手段的治疗方法。这一方法成为目前音乐心理治疗中最复杂，也是最强有力的方法。由于这种方法涉及的心理层次很深，如果使用不当，可能会给被治疗者造成很大的心理伤害，因此，在美国，除了受过专门训练，并获得专门的执照的人以外是不允许使用的，即使专业的音乐治疗师也不例外。

GIM的方法通常只在个体治疗中被采用。治疗师应先研究被治疗者的病例材料，并与被治疗者交谈，以确定被治疗者当时的心理困扰和问题，然后决定音乐的选择。治疗师用语言引导被治疗者进入浅、中度的催眠状态，即完全放松状态。然后播放音乐，并引导被治疗者开始视觉想象。当被治疗者进入想象之后，治疗师便不再引导，给被治疗者以充分的自由想象的空间，但要求被治疗者不断报告其想象的内容以及对想象内容的情绪和生理反应。这时，治疗师的角色是帮助被治疗者把注意力集中在与治疗目的相关的想象上，以及帮助被治疗者进一步深化他的体验。

音乐结束后，治疗师引导被治疗者逐渐回到现实中来，然后对想象的内容以及整个过程进行讨论。

在GIM中，被治疗者处于主导地位，治疗师表面上看来处于辅助和支持的地位。这是因为GIM的理论出发点在于人本主义的观念，即每一个人的经验都是其独有的，包括治疗师在内的任何其他人不可能真正了解，所以治疗师的引导和建议常常是错误的，有时甚至是有害的。每一个理智健全的人都有自我治愈和走出心理危机及情绪困扰的能力，治疗师的责任是进入被治疗者的内心情感世界，帮助他发现自我治愈的能力和潜能。

治疗师对治疗的进程和方向的控制把握实际上是通过音乐来实现的，所以选择音乐成为治疗的关键。Bonney以及他的合作者们经过近20年不断探索和实践，从各个时期的西方古典音乐的经典作品里抽出数百个片段，重新组合，编制出了一个庞大的、近乎完美的GIM音乐系列，成为GIM治疗中必不可少的专用工具。GIM音乐为被治疗者的想象提供了情感体验的方向，同时又给想象的内容提供了充分的自由空间。在整个过程中，音乐成为治疗方向的主导因素。Bonney（1978）甚至说："在GIM中，音乐是真正的治疗师。"

但是，GIM的使用范围有限，通常用于那些有心理、情感危机和长期遭受心理矛盾困扰和痛苦，而又心智健全的正常人，帮助他们深化对自我内心世界的体验和自我认识，解除深层的内心矛盾和潜意识矛盾冲突，达到提高生活质量、自我完善和自我升华的目的，产生一种类似新生的精神体验。此方法对于精神分裂症的被治疗者或有认知错乱的患者，以及自我人格结构不健全和情感过于脆弱的人则是禁用的。GIM治疗师可以是精神分析取向，也可以是存在主义取向，或超个人心理学取向。（关于GIM在临床治疗上的应用，请参见附录二。）

音乐生物反馈

将音乐与生物反馈仪器结合起来促进生理放松，被称为“音乐生物反馈”（music biofeedback）。音乐生物反馈的仪器可能是脑电图（EEG）、皮肤体温（ST）、皮肤电阻（GSR）、肌电图（EMG）等。这些生物仪器可以显示出人的生理唤醒水平的各种数值。在进行生理放松训练的过程中，生理仪器即时地以视觉或听觉的形式对被治疗者的生理放松水平给予反馈。在音乐生物反馈的训练中，音乐既可以作为促进生理放松的刺激信号，也可以作为生理放松的反馈信号。

音乐强化物

音乐强化物（music reinforcement）即把聆听音乐作为行为矫正的强化刺激物。例如在被治疗者表现出符合治疗目标的行为时播放音乐作为奖励，或在被治疗者表现出不符合治疗目标的行为时停止播放音乐作为惩罚。行为主义学派认为人的行为（包括好的行为和坏的行为，甚至症状行为）都是后天习得的，所以也可以通过学习消除我们不想要的行为。而这个学习过程是通过奖励好的行为和惩罚不好的行为或症状行为来完成的。研究发现，在一个行为出现后随即给予奖励，这个行为就会倾向于更多地出现；相反，如果在一个行为出现后随即受到惩罚，这个行为则可能较少出现。

Standley（1996）对于音乐作为强化物的效果进行了元分析（meta-analysis），她分析了98项研究，发现了高度的正向结果。在98项研究中，只有12项研究显示出非音乐的强化较音乐强化更有效。结果还显示音乐强化产生的效果大大超过在学校中经常使用的社会性强化和实惠物品的强化。大量临床研究证明，音乐作为强化物（奖励）对改变人的行为具有非常强大的作用，其作用超过物质（如食物）强化物。

在现代社会，人们对音乐的喜爱和需求大大超过了对食品或其他生活物品的需求（我们只需要看看当代社会中歌迷们对歌星的疯狂追逐），所以音乐就理所当然地成为音乐治疗师借以达到治疗目的的有力工具。特别是在对于儿童和青少年的音乐治疗中，音乐就成为改变行为的理想的强化物。音乐作为强化物的方式分为四种：（1）随因强化（contingent reinforcement）；（2）时距强化（interval reinforcement）；（3）随机强化（random reinforcement）；（4）综合强化（combinational reinforcement）。

1. 随因强化

在希望的行为每次出现时都随即给予音乐强化。这种强化方式的优点是被强化的行为出现的频率会很快提高，缺点是强化刺激一旦停止，被强化的行为也会很快消退。

2. 时距强化

在希望的行为出现频率达到一定的次数（如三次或五次）后给予一次音乐强化。这种强化方式使被强化的行为出现频率提高的速度较随因强化方式慢，但是如果一旦强化刺激停止，被强化的行为消退的速度也比随因强化更慢。

3. 随机强化

音乐强化物的给予是随机的，无规律的。与上述两种方法比较，这种强化方式增加被强化行为出现频率的速度是最慢的，但是其优点是一旦强化刺激停止，被强化的行为消退的速度也最慢，甚至不消退而终生保持。

4. 综合强化

这种方式是将上述三种强化方式结合在一起使用，以发挥各自的优点，避免各自的缺点。希望的行为一旦出现，使用随因强化，立即给予病人喜爱的音乐，这样，这种行为出现的频率就会很快提高。在这种行为的出现频率达到一定的程度后，改用时距强化，即当希望的行为每出现一定的次数后才给予一次音乐奖励。当希望的行为出现的频率达到我们期望的水平（即达到治疗目标）后，改为随机强化，即无规律地给予音乐奖励强化，并且给予强化的次数越来越少，直到完全停止强化。综合强化的方式既可以尽快地提高希望的行为的出现频率，又可以在强化刺激停止后让希望的行为长期保持下去。

研究文献表明，以音乐为奖励的方法在矫正行为方面的应用范围很广，从提高数学成绩（Madsen & Forsythe，1973；Miller，Dorow，& Greer，1974；Yarbrough，Charboneau，& Wapnick，1977）到发展语言功能（Talkington & Hall，1970；Walker，1972）以及提高注意力集中能力（Madsen & Alley，1979）。还有的研究证明音乐比其他常用的强化物更为有效（Saperston，Chan，Morphew，& Carsrud，1980），并比较了不同水平的音乐强化（Howlloway，1980）。还有其他方面的临床运用，包括使用音乐来增强缺乏吸吮能力和摄食能力的早产婴儿的吃奶水平

（Standley，2003），增强婴儿的爬行能力（Holliday，1987），脑偏瘫幼儿的头部姿态（Wolfe，1980），减少刻板行为（Jorgenson，1971），用音乐教授超常儿童的阅读能力（Steele，1971）、训练听觉分辨能力（Madsen & Geringer，1976），强化康复病人的物理治疗中的踏自行车训练（Kendelhardt，2003）以及针对使用脚尖行走的孤独症儿童用脚跟行走的训练（Roberts，2002），减少患有疝气的婴儿的哭叫（Etscheidt，1989），降低患有慢性头痛的病人的肌电紧张水平（Epstein，Hersen，& Hemphill，1974），增强深度残疾儿童的血管收缩（Falb，1982），强化老年痴呆症病人坐在椅子里的行为和减少病人的徘徊行为（Scruggs，1991）。

音乐振动治疗

音乐振动治疗（music vibroacoustic therapy）使用音乐的频率振动，特别是低频的振动直接作用于治疗对象的身体，通常伴随着音乐聆听，以达到某些心理、生理或医疗的目的。在国外，已有不少研究者研制出各式各样的利用音乐的频率振动作用于人体的设备。但是，这些尝试目前没有得到确切肯定的结果。我国一些研究者尝试使用音乐的频率振动与传统的电疗相结合，取得了一定的效果。其工作原理在于：传统的电疗使用固定的频率振动作用于机体，但是人的机体存在“适应”现象，即当一种频率的振动保持一段时间后，机体对这种频率的反应就很快减弱，于是疗效也就明显地下降，直至完全无效。一些研究者将音乐的声波变化转换成电频的变化，研制出“音乐电疗仪”和“音乐电针灸仪”。由于音乐的频率变化无限丰富，所以人的机体不可能对它产生适应现象，从而克服了在传统的电疗和电针灸中身体产生适应现象的问题，取得了较好的疗效。同时，由于在这种治疗的过程中伴随着音乐聆听，缓解了电疗和针灸治疗过程中的生理不适感和情绪上的焦虑紧张，并消除了心理上的枯燥感。

音乐感知觉刺激

音乐感知觉刺激（sensory stimulation through music）通过聆听音乐来促进和加强各种患有感知觉障碍（如耳聋、目盲和阿尔茨海默病等）的患者的感知觉的接受能力（Wolfe，1983）。例如，绝大多数耳聋患者实际上都存在不同程度的残余听力，他们往往在某些特定的频率范围的听觉神经受到损害，但仍有一些频率范围的听觉神经是相对较好的。他们可能在聆听人声频率（在800~2000Hz）范围内的声音非常困难，所以在与人的交流中通常出现回避使用听觉器官的行为习惯，结果残余听力往往长期得不到使用和锻炼，造成人为的退缩。音乐的频率范围极其宽阔（20~20000Hz），是促进和锻炼耳聋患者残余听力的理想工具。

对于盲人来说，与颜色和光线有关的语言概念是非常抽象和难以理解的，而音乐中的很多因素是可以造成类似的颜色和光线的体验的，如不同性质的和声或不同的乐器的音色可以造成明亮或阴暗，甚至各种不同的色彩的心理感受。因此，盲人可以通过各种音乐的听觉体验来学习、感受和理解视觉方面的概念和知识。

阿尔茨海默病是老年痴呆症的一种，主要症状之一是失去现实感，对于时间、地点、人物的感受出现混乱。对于阿尔茨海默病患者而言，聆听音乐可以帮助他们重新建立与周围现实世界的联系。

音乐现实定位

音乐现实定位（reality orientation through music）通过

聆听音乐帮助患者与现实生活环境建立联系，消除意识混乱（confusion）和现实感知觉丧失（disorientation），并促进患者的自我意识和环境意识。这一方法主要应用在老年痴呆症患者的治疗中（Riegler，1980）。

音乐镇痛

疼痛是绝大部分疾病共同具有的症状，给患者带来极大的生理和精神痛苦。音乐对疼痛的缓解作用已经为大量的相关研究和临床实践所证实。音乐镇痛（music and pain controlling）的机制可能基于两个力面：①听觉神经中枢在大脑皮质的位置与痛觉中枢的位置相邻，都位于大脑的颞叶部分。音乐刺激会引起听觉神经中枢的兴奋而造成对痛觉神经中枢的抑制。②音乐信号会刺激脑垂体的内啡肽分泌增加，而内啡肽具有明显的镇痛作用。

笔者在1987年所作的《音乐对疼痛的缓解作用的研究》中一文，对比了在有音乐的条件下和无音乐的条件下，被试的痛阈和耐痛阈的变化。对34位被试者的研究表明，在音乐刺激的条件下，被试的痛阈平均提高20.23%（$P<0.01$），耐痛阈平均提高11.84%（$P<0.01$）。另外，Gardner和Licklider的研究发现，在牙科手术中，音乐与噪声相结合的方法使65％的患者的疼痛完全消失。

在临床实践中，音乐被广泛地使用在外科手术过程中，可使麻醉剂的药量减少50%。另外，在手术后的恢复期可以完全或大部分取代镇痛药物，从而避免镇痛药物对大脑带来的伤害。同样，音乐对于各种疾病所引起的疼痛都具有很好的镇痛作用，因而具有很好的临床使用价值。

投射式音乐聆听

投射式音乐聆听（projective music listening）指治疗对象在聆听音乐或某种特别设计的音响时进行自由联想，在聆听之后，治疗师要求治疗对象根据自己的联想编写一个故事，而治疗师根据故事的内容以及治疗对象的问题进行分析和诊断。

美国音乐治疗家Crocker创立了一个针对儿童的心理治疗方法，称为“投射式即兴演奏”，治疗师在钢琴上进行即兴演奏，以引发儿童的投射性故事、语言和讨论。他的方法可以分为4个步骤：

1. 首先在钢琴上呈现各种不同的和弦，以引发儿童的联想。
2. 治疗师根据儿童的联想开始即兴演奏，而儿童则根 据治疗师的音乐编故事。
3. 治疗师根据儿童对故事或故事中的某些有意义的话确定标题，并根据这个标题进一步进行即兴演奏。
4. 治疗师帮助儿童编写一首有关自己家庭成员的歌曲。

音乐无痛分娩

音乐还被广泛地应用在妇科分娩过程中。虽然在产妇的分娩过程中使用音乐的主要目的仍然是减少疼痛，但是比较前面所提到的“音乐镇痛”中简单地播放音乐的方法，音乐无痛分娩的方法就显得比较复杂一些。

音乐无痛分娩的方法由三部分组成：①音乐—拉马兹（Lamaz）放松训练；②音乐想象训练；③音乐分娩镇痛。整个音乐的干预通常从预产期的前8周开始。在第一阶段的音乐—拉马兹放松训练阶段，治疗师使用音乐的节奏来帮助孕妇进行呼吸和放松训练，以便孕妇在进入产程后能够放松身体，正确地呼吸，保存体力，在婴儿产出时能够正确地配合医护人员。在第二阶段的音乐想象训练中，治疗师帮助孕妇在内心建立起对分娩过程的积极心理期待，消除紧张恐惧情绪。在第三阶段，即在分娩过程中，使用音乐，特别是在前面已经使用过的，已经熟悉的音乐帮助产妇减少和消除分娩过程中的疼痛。

音乐肌肉放松训练

肌肉渐进放松训练的方式可以分为两种：主动式和被动式。主动式的方法是在治疗师的指导下，治疗对象学习让身体的各个部分不断地练习紧张—放松，从而体验到紧张和放松的不同感觉，并掌握放松的方法。下面是一个典型的主动式肌肉渐进放松训练中治疗师的指导语：

首先要求治疗对象躺下或保持舒服的坐姿，然后给治疗对象指令。

1. 握紧拳头——保持住——放松——体会放松的感觉。
2. 胳臂使劲弯曲——保持住——放松——体会放松的感觉。
3. 双肩向前使劲耸起——保持住——放松——体会放松的感觉。
4. 头部向胸部抬起（坐姿，下巴向下接触到胸部）——保持住——放松——体会放松的感觉。
5. 使劲咬紧牙关——保持住——放松——体会放松的

感觉。

6. 上身微微抬起（坐姿，收紧腹肌）——保持住——放松——体会放松的感觉。

7. 使劲向下蹬腿——保持住——放松——体会放松的感觉。

8. 脚趾使劲向里弯曲（坐姿，脚趾使劲抓地）——保持住——放松——体会放松的感觉。

如果在肌肉放松训练的过程中伴随适当的舒缓、放松的音乐，我们就可以称之为“音乐肌肉渐进放松训练”。在这里，音乐的作用是促进生理和精神的放松，使治疗对象更容易进入放松的状态，并形成一个引发放松反应的条件反射的信号。

被动式的做法较多，与主动式的区别在于在治疗师的指导下直接放松身体的各个部位，而没有人为地让肌肉紧张的环节。

主动式的肌肉渐进放松训练对于那些长期处于紧张焦虑状态，难于找到放松感觉的治疗对象较为适用。但是这种方法需要治疗对象花费较多的力量，如果频繁地使用会使治疗对象感到疲劳，因此对于那些有能力让自己的身体部分放松的治疗对象，被动式的方法可能更受欢迎一些。

音乐系统脱敏

音乐系统脱敏（music desensitization）是建立在传统心理治疗的系统脱敏方法基础上的一种音乐治疗方法。系统脱敏属于行为主义的一种行为矫治方法，通常被应用在对恐怖症的治疗中。但对于许多行为障碍（如口吃、强迫症以及性功能障碍）的问题也有很好的疗效。

系统脱敏包括两个部分：肌肉渐进放松和等级脱敏。治疗的程序如下：

1. 确定最容易引起焦虑、恐惧的环境、人物、场景或物体。

2. 询问和确定治疗对象在生活中还有哪些情景也会引起即使是极为轻微的紧张、焦虑或恐惧，并将全部情景写下来。

3. 请治疗对象根据自己的体验给这些情景打分。引起紧张、焦虑或恐惧最为轻微的情景为1分，然后按照引起焦虑紧张或恐惧的程度打分，由低到高排列，直至治疗最终需要解决的目标情景。

4. 要求治疗对象开始肌肉渐进放松练习。

5. 开始想象可能引发紧张、焦虑或恐惧的情景。从打分为1分的情景开始，任何时候，当治疗对象感到紧张、焦虑或恐惧，哪怕是一丝，立即停止对情景的想象，重新开始肌肉渐进放松练习（这时放松练习的速度可以适当加快）。

6. 当治疗对象恢复了放松的状态后，再次进入刚才引起紧张、焦虑或恐惧的想象情景。如果再次出现紧张、焦虑或恐惧的体验，立即停止想象，回到放松练习中去。如此周而复始，直至治疗对象完全不再对该情景感到有任何的紧张、焦虑或恐惧反应。

7. 进入下一个情景。直到治疗对象对打分最高的情景也不再出现任何紧张、焦虑或恐惧的反应。

需要注意的是，如果出现了某一个情景经过反复脱敏练习仍不能消除紧张、焦虑或恐惧的反应，这可能意味着这个情景与前面的一个情景的跳级过大，两个情景之间可能还存在着一个或数个可能引发紧张、焦虑或恐惧的情景。

与“肌肉渐进放松训练”一样，音乐的作用是促进生理和精神的放松，使治疗对象更容易进入放松的状态，并形成一个引发放松反应的条件反射的信号。通常的做法是：音乐仅在进行“肌肉渐进放松训练”的时候呈现，而在想象情景的时候并不呈现。原因在于舒缓的音乐可能会冲淡或减弱想象情景可能带来的紧张、焦虑或恐惧反应。

音乐精神减压放松

现代都市生活充满了紧张和压力，长期的紧张状态会引起各种身心疾病，如高血压、心脏病、胃溃疡、十二指肠溃疡、神经性皮炎、荨麻疹、偏头痛、失眠、糖尿病、癌症等。因此，经常地进行精神放松减压成为日常生活保健措施，是防止各种疾病发生的一个重要环节。音乐的精神减压放松可以起到很好的作用。

音乐精神减压放松的方法将“肌肉渐进放松训练”和“音乐想象”结合在一起，以达到使身体和精神都得到深度放松的目的（音乐减压放松的范例，请见本书所附的音频材料）。

音乐催眠

睡眠障碍（失眠）是困扰现代都市人群的一个常见问题，长期的睡眠障碍不但会严重影响正常的生活和工作能力，而且可能引发诸多其他疾病。音乐催眠的方法与音乐精神减压放松的方法十分相似，但是顺序相反。在音乐精神减压放松中，首先进行肌肉渐进放松训练，然后进行音乐想象。而在音乐催眠的方法中，首先进行音乐想象，然后进行肌肉渐进放松训练，而且在全身的肌肉放松完成后，增加有关睡眠的暗示语。

再创造式音乐治疗

再创造式音乐治疗（recreative music therapy）强调的是让被治疗者不仅听，而且要亲身参与各种音乐活动。此方法通常包括演唱演奏和音乐技能学习两类。音乐的演唱演奏并不要求被治疗者受过任何音乐训练，或具有任何音乐技能，相反，再创造式的音乐治疗方法正是为那些没有任何音乐技能的被治疗者设计的。当然，在集体治疗小组中，有某种音乐技能的被治疗者会使集体的音乐表演大为增色，但这不是必需的。根据治疗目的和所依据的理论不同，音乐演唱演奏的治疗活动可以是非音乐性的，即活动的目的不在于音乐，所以演唱演奏出来的音乐是否好听是无关紧要的。也可以是音乐性的，即活动的目的在于音乐，因此对被治疗者的演唱演奏则要求好听，具有相对较高的艺术性。同样，音乐技能的学习，根据治疗目的的不同，可以是以非音乐为目的的，也可以是以音乐为目的的。音乐技能学习通常是以个体治疗的方式进行，而演唱演奏虽可用于个体，但更多用于集体治疗。

无论是演唱演奏还是技能学习，当音乐活动是以非音乐为目的时，也就是以过程为取向（process orientation）时，治疗的中心在于音乐活动的过程，即被治疗者在演唱演奏和技能学习过程中所表现的行为和相互间的反应。在集体的音乐演唱演奏中，被治疗者必须克制自己的反集体行为，学习和适应在集体活动中扮演适当的角色，并努力与他人合作。例如一个被治疗者在生活中常表现出反社会行为，拒绝与他人合作，热衷于表现自我。在集体的音乐演奏中，他可能用打击乐器来演奏不正确的节奏或速度来与集体对抗，从而使音乐难以进行下去。后来治疗师有目的地安排演奏他最爱的乐曲，而他则成为小组中最热心要把乐曲演奏得好听的人，努力按照音乐本身的要求去做，认真地演奏，并指出别人演奏中的不正确之处。经过一段时间后，他在生活中的反社会行为明显减少，与其他病员的关系也大为融洽。

还有些被治疗者退缩、孤独，害怕和回避与他人交往，经过一段时间的集体音乐演奏活动后，逐渐开始融入集体生活，与他人的交往也大为增加。

当音乐活动是以音乐为目的时，也就是以结果为取向（result orientation）时，治疗的中心则集中在音乐行为的结果。被治疗者克服自身的生理或心理障碍，努力学习音乐技能，最终获得音乐上的成功。例如某少年因生理缺陷产生严重的自卑心理，在学校拒绝与同学交往，拒绝任何形式的集体活动，他的智力发展也由于自卑的心态和长期抑郁的情绪而受到抑制。当音乐治疗师发现他具有很好的音乐天赋后，决定教授他演奏吉他。经过一年多的学习，他很快成为一个出色的小吉他手，多次在校内外演出中大获成功，成为同学们倾慕的对象。从此他的自卑心理被解除，也建立起了正常生活的自信心，人际关系也正常了。

学习音乐技能的过程与生活中其他学习过程一样，是一个不断地解决问题、克服困难和获得成功经验的过程。它们的区别在于，学习音乐技能的过程同时也是伴随着愉悦体验的过程，因此可以增强被治疗者的学习动机和抗挫折能力。被治疗者最终会把自己在学习音乐过程中所获得的成功经验泛化到日常生活中去。

另外，被治疗者在演唱演奏中所获得的成功感可以有效地改善被治疗者的自我评价，增强被治疗者的自尊心。这一点对于那些长期住院的被治疗者、智障儿童、严重的残疾患者和精神病院的患者尤为重要。

美国纽约州立大学的Nordoff Robbins创立了被称为“创造性音乐治疗”的方法，并提出了“音乐儿童”的观念。他们认为每一个正常的儿童实际上都具备一定程度的音乐能力。当一名儿童表现出某种音乐能力的缺乏时，这意味着他的生理或心理的某些方面出现了问题。为了治愈或解决这些生理或心理方面的问题，音乐治疗师训练儿童这方面的音乐技能。当儿童的音乐能力恢复并发展了，他的生理或心理问题也就随之解决了。

在创造性音乐治疗中，儿童有针对性地学习演奏乐器、歌唱、学习并提高对音乐的感受力，学习音乐创作及表演音乐剧等音乐活动。这是一种以音乐为目的的集体治疗形式，在美国很受欢迎，成为音乐治疗中的一个重要流派。

即兴演奏式音乐治疗

即兴演奏的治疗方法在欧美国家运用得十分普遍。在有些欧洲国家，音乐治疗即等于即兴演奏式音乐治疗（improvisational music therapy）。

即兴演奏所用的乐器多为简单的，不需经过学习训练即可演奏的节奏性和旋律性打击乐器，如各种不同型号的鼓、三角铁、铃鼓、木琴、铝板琴等。治疗师多用钢琴或吉他参与演奏。

在集体的即兴演奏中，先安排被治疗者坐成一个圆圈，各种乐器置于圆圈的中间，让被治疗者先试一试每一种乐器，使他们了解和熟悉每种乐器的音色和演奏方法。然后让被治疗者自由选择乐器。被治疗者对乐器的选择显示出他的人格特征、在人际关系中的角色和他准备在这次演奏活动中所占有的地位。例如，退缩的被治疗者通常选择音量小、不易引起人们注意的乐器，而支配欲较强和攻击性强的被治疗者通常选择体积大、音量大的乐器，有情感表达欲望的被治疗者多选择旋律乐器等。

演奏通常由一名志愿者开始，其他成员可以在任何时间进入演奏，甚至根本不演奏。治疗师根据治疗目的可以参加或不参加演奏，但大部分情况下是参加的。大家虽然是随心所欲地演奏，但音响效果却迫使每一个人自觉或不自觉地不断调整自己的节奏、速度、音量或旋律，从而在整个音乐中找到和确立自己的位置和角色。这使每一个成员在社会和人际关系中的行为特征和人格特点生动地表露无遗。例如支配欲强的人通常用大音量的鼓声来左右整个音乐的速度和节奏；依赖性强的人则总是追随别人提供的音乐模式；有反社会行为倾向的人总是在不断地试图破坏和改变大家已经建立起来的音乐模式，等等。

即兴演奏可以是标题性的，即由治疗师或被治疗者先确定一个标题，然后大家按照自己对标题的理解或思路进行演奏，也可以是无标题的，即完全无主题的自由演奏，最后由大家根据自己的感受给音乐确定一个标题。

即兴演奏的结果可能是和谐动听的，也可能是杂乱无章的，这反映出整个治疗小组的人际关系的状态。在多数情况下，规律是这样的：和谐——杂乱——新的和谐。在刚开始的几次合奏时，每一成员都尽力保持着社会化的礼貌，较为克制自己的个性而表现出彬彬有礼的态度，表现出各自友好的一面，所以他们在演奏时较为克制自己的冲动和个人表现欲，注意与其他人的配合，因此，音乐听起来就会较为和谐。但在后来的演奏中，个人特点和个性，以及人际关系中的矛盾就逐渐显露出来，音乐开始变得杂乱无章。而杂乱无章的音乐效果是每一成员都不乐于见到的，于是大家不得不逐渐改变自己的行为特点以适应他人，最后重新达到和谐。

每次合奏之后，都由治疗师引导进行讨论，每个人都说出自己的感受和对他人演奏的感觉，这样，每个人在小组中的行为表现都得到及时直接的反馈。这是一个学习适应社会生活和人际关系的很好的机会和环境，每个人都在这个环境中学习如何在社会中寻找和确立一个为他人所接受的地位和角色。学习如何改变自己的不适当的社会行为，与他人和谐地相处。

在即兴演奏的个体治疗中，治疗目的主要是建立起良好的治疗关系，以及帮助被治疗者利用自发随意的演奏来抒发和宣泄自己的情感。在这里，治疗师可以与被治疗者共同即兴演奏音乐。演奏可以是标题性的（如“我的童年”“我的妈妈”“悲伤”等）、非标题性的（即没有任何主题，随心所欲的即兴发挥），或者先是非标题性的然后又确定标题的（在一段无标题的即兴演奏之后，让被治疗者为刚才演奏的音乐起一个名字）。治疗师在演奏中应始终处于辅助、引导、支持、启发的角色，不应喧宾夺主。通过两人之间一段时间的合奏练习，被治疗者逐渐建立起对治疗师的信任，治疗师进一步为被治疗者提供一个安全的宣泄内心情感的环境，即使这种情感是不正常的或是非理性的，治疗师也应予以接纳、理解。

在每次演奏之后都要进行讨论，帮助被治疗者澄清和确定在音乐中表现出的情感。治疗师在良好的治疗关系确定后，在理解的基础上对被治疗者的情感进行分析指导，以达到治疗目的。

即兴演奏的音乐治疗方法分为很多不同的流派。有以精神分析为取向的流派，也有以人本—存在主义为取向的流派，还有以格式塔为取向的流派，等等。每一种流派都有各自不同的评估方法、治疗设计和操作模式，以及对演奏中所呈现出的音乐现象不同的分析方法。（关于即兴演奏治疗方法在临床上的应用，请参见附录一。）

表4–1 目前主要的即兴演奏音乐治疗流派

流派	创始人	适用人群	理论取向
创造性音乐治疗（Creative music therapy）	美国音乐家Nordoff和美国特殊教育家Robbins	残疾儿童、儿童精神疾病患者，以及成年住院患者	人本主义、存在主义
自由即兴演奏治疗（free improvi sation therapy	英国音乐治疗家J. Alvin	残疾儿童、儿童精神疾病患者以及成年神经症患者	精神分析
精神分析音乐治疗（analytical music therapy）	英国音乐治疗家M. Priestley	成年精神疾病患者、成年神经症患者、正常成年人、夫妻、囚犯，以及心理治疗专业的学生	精神分析

表4-1　目前主要的即兴演奏音乐治疗流派（续）

流派	创始人	适用人群	理论取向
实验性即兴演奏治疗（experimental improvisation therapy）	美国音乐治疗家布鲁夏和Riordan	残疾儿童、残疾成年人、正常成年人，以及心理治疗专业的学生	存在主义、Tavistock和T团体
奥尔夫即兴演奏模式（Orff Improvisation model）	德国音乐教育学家G. Orff和音乐治疗家Lehrer Carte	残疾儿童、儿童精神疾病患者及成年疾病精神患者	存在主义
超语言治疗模式（paraverbal therapy model）	Heimlich、McDonnell和Wheeler	儿童精神疾病患者、残疾儿童、情感剥夺的儿童、住院儿童及家长	精神分析
比喻性即兴演奏治疗（metaphoric improvisation therapy）	S. Katsh、C. Merie和Fishman	正常成年人和成年神经症患者及心理治疗专业学生	格式塔理论、心理互动精神分析和发展心理学理论
成年即兴演奏治疗（adult improvisation therapy）	G. Stephens	成年精神疾病患者、正常成年人、治疗专业的成年人和学生	格式塔理论
音乐心理剧模式（musical psychodrama model）	J. Moreno	正常成年人和成年神经症患者、成年精神疾病患者、残疾儿童、残疾成年人、毒品和酒精依赖者、囚犯及违法者	心理剧

表4-1 目前主要的即兴演奏音乐治疗流派（续）

流派	创始人	适用人群	理论取向
综合即兴演奏治疗（integrative Improvisation therapy）	P. Simpkins	儿童精神疾病患者、残疾儿童、成年精神疾病患者	精神分析
人声即兴演唱治疗模式（vocal Improvisation therapy model）	L. Sokolov	成年医学患者、成年精神疾病患者、成年疼痛患者、成年心理危机患者、产妇和正常成年人	格式塔理论、精神分析等
成长治疗性过程（developmental therapeutic process）	Grinnell	儿童精神疾病患者	认知发展理论
即兴演奏评估（improvisation assessment profiles）	布鲁夏	正常成年人、成年神经症患者、成年精神疾病患者、残疾成年人、正常儿童、儿童精神疾病患者、残疾儿童	

第五章

音乐治疗在儿童病领域中的应用

1950年，音乐治疗第一次作为一个专门的治疗专业出现时，大部分音乐治疗师都是在成年人的精神病医院里工作的。不过，音乐在残疾儿童的治疗中的价值很快就被人们认识到了，很多音乐治疗师开始在弱智儿童的领域工作。根据1978年和1980年美国国家音乐治疗协会的调查，大部分音乐治疗师在精神病医院工作，其次是智力发育障碍的教育机构，但是音乐治疗的服务已经扩展到了包括医院和学校在内的其他治疗领域里，如社区精神健康中心、特殊教育学校、老年病医院和养老院及戒毒戒酒中心。

到20世纪70年代，一些音乐治疗师开始独立行医，约有4.1%的音乐治疗师有了自己的私人诊所。到80年代，音乐治疗重新进入综合医院，应用于对烧伤患者的治疗，减轻外科手术或其他治疗引起的焦虑，减轻疼痛和紧张，以及妇女的分娩过程的治疗。

根据美国音乐治疗协会1999年的资料，约4000名美国音乐治疗师主要在如下领域工作：

艾滋病	虐待与性虐待救助
脑部损伤	听力障碍
学习障碍	外科手术
精神病	神经损伤
帕金森或老年痴呆症	生理残疾
创伤后紧张综合征	RETT综合症
语言障碍	脑中风后遗症
戒毒或戒酒	临终关怀
视觉障碍	哮喘
烧伤	家庭治疗
青少年犯罪	产科
语言迟滞	监狱
音乐家舞台紧张	早产儿
性犯罪者	脊椎损伤
正常成人心理治疗	儿童心理治疗

智力障碍的音乐治疗

对于智力发展障碍的定义，在世界上争议很大。但目前相对最广泛地被接受的一个定义是美国智力障碍协会（AAMR）所做出的："智力障碍是指那些稳定地呈现出在功能方面的有限性，其特征表现为明显地在智力功能方面存在如下两个以上的能力低于平均水平——交流、自我照顾、家庭生活、人际、社区、自我导向、健康和安全、知识学习、业余生活和工作等。智力障碍的出现早于18岁。"（AAMR，1992）

在AAMR的定义中，智力障碍具有三个主要特征：智力低于常人、生活适应能力低于正常人以及患病时间早于18岁。具体介绍如下：

（1）智力障碍的特点在于智力功能方面的明显低下。现在检查智力能力常用的测量方法是IQ测验。通常IQ低于70即表示智力功能不足。与同年龄的人相比，智力障碍的儿童或成年患者在记忆信息、使用抽象概念、逻辑思考和做出正确决定方面的能力都明显不足。

（2）智力障碍在以下两个以上生活方面表现出能力不足——语言交流、生活自理、家庭生活、社交能力、自我导向、卫生、安全、学习、业余生活和工作等。也就是说，仅仅在智力方面的不足是不能被确定为智力障碍的，生活适应能力也是诊断智力障碍的必要条件。我们常常可以看到一些儿童和成年人虽然在智力方面存在不足，但在生活能力方面适应良好，他们不应被列入智力障碍的范围里。

Evans（1990）对于生活适应能力的界定是："为适应环境的需要而改变自己行为的能力。"社会对于这一能力的期待随年龄不同而不同。在早期，智力障碍儿童可能表现为在语言交流和自助能力（满足个体需要的能力）、感知觉运动（爬行和学步）方面的明显不足。而在青春期，人际交往能力的不足则可能意味着智力障碍的存在。在成年阶段，智力障碍则表现为不能胜任工作和社会责任。那些在社会责任和道德方面表现出严重不足的智力障碍患者需要长期的住院监护。

（3）智力障碍在18岁前发病。在绝大多数社会，18岁意味着进入成年阶段。应该注意的是，在这一点上是存在争议的，因为有些智力障碍在18岁之后才表现出来。一些专家认为确诊智力障碍的时间应延长至那些需要专门的职业训练服务的成年人。

目前大部分智力障碍的分类方法体系都基于以下两个标准：严重程度和病因。通行的办法是根据IQ来划分为轻度、中度、重度和极度智力障碍（表5-1）。

表5-1　智力障碍程度划分

智力障碍程度	智力商数（IQ）
边像状态	68~85
轻度	52~67
中度	36~51
重度	20~35
极度	20以下

音乐治疗在智障领域的应用

智力发展障碍儿童是指那些在成长过程中在智力发展方面表现出明显的障碍，智商低于70的儿童。在音乐治疗过程中，很多不同形式的音乐活动对智力发育障碍儿童的治疗具有积极意义。在音乐背景下有节律的运动可以帮助患儿提高他们的运动协调能力。患儿可以通过舞蹈、运动歌曲及音乐游戏活动来学习或增强对身体各部分的认识和方位概念。一些特别为患儿编制的歌曲和歌词可以帮助患儿提高穿衣、洗脸、刷牙等生活自理能力。同时，患儿可以通过歌词来学习语言词汇概念。歌唱可以引发和促进语言的交流，并刺激语言交流的动机。另外，歌唱、乐器演奏和音乐游戏可以帮助患儿学习正确识别或表达情感。

在集体的音乐治疗活动中，患儿可以学习正确的社会行为和与他人合作的能力。各种音乐活动，如音乐欣赏、合唱、乐器合奏等，可以帮助患儿提高听觉能力、注意力集中能力、自我冲动的克制能力、运动技能和人际交往的技能。另外，各种音乐活动为患儿提供了一个愉悦的、安全的、有满足感和成就感的体验机会，这些体验对于提高患儿的自我评价和自信心是很重要的。

针对智力障碍的音乐治疗目标可以总结为如下五个方面：①发展正确的社会行为与情绪行为；②发展运动技能；③发展沟通交流能力；④发展学前能力和学习能力；⑤发展业余生活活动。尽管智力障碍的音乐治疗通常都是在集体治疗的形式下进行的，但是因为每一个智力障碍患者的需要是不同的，所以治疗目标仍应个体化。（Davis，1999）

发展正确的社会与情绪行为

智力发展障碍儿童通常都存在获得正确的社会能力方面的困难。有组织的音乐活动，如歌唱、节奏，和与运动的结合等活动提供了一个学习社会行为的环境刺激。集体的音乐治疗过程可以增强患儿的合作、分享、遵守秩序、正确的礼貌行为等体验，例如“你好歌”让患儿学会其他小组成员的名字，正确的问好行为（如握手），以及遵守秩序。音乐活动所带来的愉悦感对患儿的参与和配合来说有一种有力的强化作用，并通常可以吸引患儿的注意力。

不正确的行为，如不遵守秩序、攻击性语言、随意活动等，是很多智力障碍儿童的问题。因为对大多数患儿而言，参与音乐是一种快乐的活动，那些不正确的行为通常都会明显减少甚至完全消失。有经验的音乐治疗师会巧妙地把各种愉快的音乐活动，如乐器演奏、歌唱、聆听、音乐创作以及在音乐伴奏下的运动等，变成一种强化刺激，来增强患儿正确的社会行为。（Davis，1999）

发展运动技能

运动技能的发展与学习有很大关系。音乐的本质是一种时间的艺术，在时间顺序中完成而不能有任何的间断，因此，它是刺激和训练患者进行运动的一个理想的工具。人的所有运动都与中枢神经系统有关。中枢神经系统唤醒并控制肌肉的活动。这个高度复杂的系统在人类出生时是不成熟的。通常，婴儿的中枢神经系统发育得很快，至6岁左右就能够完成跑、跳等复杂活动。但是智力障碍儿童的中枢神经系统发育较慢，或不完全自主运动可能会有困难，甚至成为不可能。有音乐伴随的运动是音乐治疗中的一个重要部分，音乐活动可以帮助患者发展精细和粗大肌肉运动的技能。

轻度或中度的智力障碍儿童可以学会复杂的精细或粗大肌肉运动技能，但在熟练程度上可能不如正常的同龄儿童。严重或极度智力障碍患者由于其生理和认知能力方面的限制，就连基本的运动都有困难。但是音乐治疗活动可以促使这些患者更积极地参与运动，从而对环境做出较积极的反应。音乐运动可以是非常简单的活动，如根据简单的节奏摇摆、点头或踏脚，或较复杂的活动，如严格的舞步。

音乐的节奏因素为患儿提供了运动的结构和动机，帮助患儿学习走、跑、跳等动作。反过来，这些运动又会促进患儿的自我身体意识、平衡感、空间感、敏捷性、机动性、力量、偏侧感（从身体一侧到另一侧的运动）、方向感（上下、左右、前后的运动）及其他基本的学习能力。对较严重的患儿来说，在开始阶段尝试有节奏的运动的努力比起成功地完成这一项运动更重要。当患儿能较自如地运动后，治疗师就开始鼓励患儿按照音乐的节奏来运动。粗大肌肉群的运动，如跳舞，可以帮助患儿增强肌肉力量，发展协调能力、敏捷性以及平衡能力。而演奏乐器，如钢琴、吉他等则可促进患者的精细肌肉运动控制能力，进而促进患儿的学习能力，如写字和绘画等。（Davis，1999）

发展交流沟通能力

正如我们前面提到的，语言交流沟通能力低下是智力障碍患者最重要的问题。轻度和中度的智力障碍患者可能发展出基本的语言能力，但是重度和极度的患者必须学习诸如手语或利用图片等非语言的交流方法。音乐活动是一种学习交流沟通技能的理想方法。音乐治疗师利用音乐的旋律、节奏、速度、音高、力度和歌词来发展患者表达语言（传达语言或非语言信息的能力）、接受语言（理解信息的能力）和接受指导的能力。另外，音乐活动可以帮助患者扩大语音的范围，提高音高辨别能力，提高语音的清晰性和语音的质量。

接受来自环境中的声音，或称听觉感，是理解语言的前提。智力障碍患者通常缺乏区分环境中有意义的听觉刺激与无关听觉刺激的能力，从而不能够获取和交流信息。音乐治疗师可以通过各种音乐活动的练习，如对声音的定位、跟踪、识别和区分等活动，帮助患者增强听觉系统的功能。（Davis，1999）

每一次音乐治疗的过程都应该包含许多语言的体验，例如使用具有反复的旋律和歌词，或强调某些重要歌词的适当歌曲，以帮助患者增强对内容的记忆。治疗师说话应尽可能地清楚，使用简单句子，并给患者足够的时间来反应。另外，我们提倡使用视觉提示来促进学习过程，例如在学习有关秋天的歌曲和活动时，使用落叶、水果、农产品等秋天常见到的物品。

发展学前能力

在进入学习阶段之前，有一些行为必须学会，例如集中注意力、听从指导、目光接触等。智力障碍患儿通常是缺乏这些能力的。让我们来看看音乐活动是怎样帮助患儿来发展这些学前行为的：

注意力集中 因为缺乏“过滤”不相关刺激的能力，很多智力障碍患儿都很难将注意力集中在一个简单的操作上。音乐治疗师运用听觉、视觉、触觉和其他感觉的信号提示，帮助患儿加强集中注意力的能力，例如集体的音乐活动要求患儿听从音乐的信号提示，如听到击鼓声就开始演奏自己的声部。音乐演奏时必须能够在正确的时刻进行，这是成功的音乐演奏所必需的能力。音乐治疗师常常有意识地延长患者在演奏前的等待时间，以提高他们的注意力集中能力。

听从指导 对于学前儿童来说，听从简单的指导是学习过程的前提。为了提高学生的这一能力，治疗活动将一个较复杂的指导分为几个简单的步骤，例如先让学生学习“站起来”；当他做得足够好的时候，再教他第二个步骤，如“站起来，拿起小鼓”；第三步骤是“站起来，拿起小鼓，把它递给旁边的小朋友”。当把这些指导语融入歌曲后，就可以有效地帮助学生在音乐活动中学习听从连续的指导。

目光接触　主动性和保持目光接触的能力会直接影响到注意力集中和交流能力的发展。许多重要的信息是通过非语言的形式传达的，因此如果没有目光接触，我们将会失去这些重要的信息。有趣的音乐活动可以帮助保持治疗师与学生之间的目光接触。目光接触的时间可以通过行为矫正方法或其他方法逐渐地延长。（Davis，1999）

发展学习能力

音乐活动可以被用来教授知识概念，例如：认识颜色和形状（物体的分类）；通过体积、数量、特征来对物体进行归类（顺序排列）；学习上下、里外（空间关系）；辨认第一、第二和最后的区别（时间关系），等等。例如颜色可以通过不同颜色的乐器来辨认，高低可以通过音乐音高的高低来表达。

智力障碍患者通常在短时记忆方面有困难，他们在信息呈现后不久回忆它们的能力十分有限。音乐可以帮助患者记忆重要的知识内容。例如，将一段好听又熟悉的旋律与学习的内容相配合是一种有效的增强记忆的方法。通过两个以上的感觉形式来展现学习内容，即复合感官活动也可以有效地促进保持短时记忆学习内容，例如用有关动物的歌曲配以动物的图片等。当然，使用音乐来增强信息保持的能力需要多次重复和较慢的改变。（Davis，1999）

音乐作为娱乐活动

如果没有经过正确的训练，智力障碍患者的闲暇时间的生活将是毫无意义的。音乐治疗可以帮助智力障碍患者发展他们的娱乐活动能力。在美国，开始让精神疾病患者回归社区生活的早期，患者在一些职业机构里学习工作技能，学习在社会环境中的人际能力，并学习满足自己的基本需要等。但是他们中大部分人不知道怎样度过工作后的业余时间、周末和节假日。很多刚刚出院的患者涉入很多非法活动，如轻度犯罪或吸毒，从而造成他们重新回到医院。

音乐治疗师可以促使患者在闲暇时间进行音乐活动。患者可以学习如何使用音响器材以及如何到图书馆租借音乐磁带或唱片。他们可以参加社区的音乐活动小组，或参加音乐会。他们还可以学习演奏乐器，这也是使他们获得闲暇时间里的满足感的有效方式。治疗师可能需要根据患者的特殊情况来帮助患者对乐器进行改造，以适应其特殊需要。此外，治疗师应熟悉患者所生活的社区的音乐活动资源，并与他们取得联系。例如：这里是否有音乐教师可以提供针对智力障碍患者的钢琴课？这里是否有社区的歌咏队可以让患者参加？有哪些音乐会可以让患者参加？音乐作为一种有意义的业余生活的活动形式，可以帮助患者更好和成功地适应社区生活。（Davis，1999）

听觉障碍的音乐治疗

听觉缺失包括轻度（27~40分贝听力丧失）到严重（90分贝以上听力丧失）的听觉障碍。就音乐的属性来讲，音乐不但是一种听觉刺激，也是一种触觉刺激。音乐治疗师在听觉训练中使用乐器来帮助被治疗者辨别周围的声波振动感觉。在这种方法中，治疗师让被治疗者通过抚摩钢琴或一些低音乐器来直接感受声波振动，让被治疗者辨别声音的开始和结束。然后训练被治疗者通过辨别声波振动的速度和身体不同部位对声波振动的感觉来分辨声音的高低，例如头腔感受到高音，胸腔感受到中音，腹腔和腿、脚感受到低音。

被治疗者还通过音乐频率的振动感觉来学习对节奏的感觉。1975年美国的一项研究报道，通过对小学三年级的失聪儿童与正常儿童的对比发现，失聪儿童对于由鼓表现出来的节奏的感受能力和学习能力明显强于正常儿童。这可能因为失聪儿童由于听觉障碍而发展出了超常的触觉感受能力。音乐治疗师还通过音乐的节奏感和音高变化造成的不同触觉感受来帮助听觉障碍患者学习语言的节奏和音调变化，帮助他们学习正常的说话模式。（Davis，1999）

另外，听觉障碍患者可以通过包括合唱合奏等各种集体音乐活动的机会来提高社交能力，提高自信心和学习与听觉正常的人群交往的能力。

听觉障碍的类型

听觉障碍有四种主要类型，每一种听觉障碍的机制都不同。传导性听力障碍是由外耳或中耳的病变或阻碍引发的，因为中耳是声音到达内耳的传导途径。例如由鼓膜撕裂导致的瘢痕组织或者锤骨的钙化会使听觉机制某些部分柔韧性减少，因此就需要更多的声音能量（如大音量）来使中耳的组织运动起来。传导性听力障碍经常会对很大频率范围（如低音和高音）音响造成阻碍。结构损伤可能是轻微的或严重的，甚至有些病例需要进行手术治疗（如修复性外科手术）。如果医学上不能够解决问题，那么用助听器来扩大声音通常是有帮助的。

并不是所有的听力障碍都是由中耳或外耳的问题导致的，神经性耳聋是由内耳中细小毛细胞的损伤和缺少引起的。这种类型的障碍有各种各样的原因（病原学），包括感染（例如脑膜炎）、频繁地暴露于大音量的声音中，还有一些是由于先天的原因造成的。障碍的严重程度要根据内耳的损伤程度判断。另外，通常会有这种现象，某一段特定频率的声音会比其他频率的声音更容易被听到。例如一些神经性耳聋患者听到低音比听到高音段频率更容易。在一些病例中，声音是扭曲变音的。

因为毛细胞的损坏或缺少，人们就不能把声波从机械能转变为电能。针对此种类型的障碍，通过放大（如助听器）来提供更多的声音能量，并不总是有帮助的，因为仍然缺少听觉神经的刺激。在一些重度神经性耳聋病例中，患者可以从植入耳中的电子耳蜗这种相对较新的助听器中获得更大的帮助。这种仪器主要在耳蜗部位产生人工电流刺激，进而影响听觉神经。然而，一个电子耳蜗只能传递声音信号的一部分，目前还不能完全复制正常的听力，认识到这一点是很重要的。

混合性听力障碍是指由于外耳、中耳和内耳组织结构障碍而引起的耳聋。如果听力障碍是由于大脑或中枢神经系统的损害或损伤引起的，则称为中枢神经性耳聋。在中枢神经性耳聋的病例中，尽管传送到内耳的声音刺激在足够音量水平上，但听者由于神经系统的缺陷，大脑对翻译或理解声音信号有困难。例如有些患者可以听到说话的声音，却不能确定言语的意思。由于是大脑的损伤，中枢神经性耳聋的康复比起传导性听力障碍或神经性耳聋更加困难，这些不在本章节中阐述。

听觉障碍的分类

听力障碍的变化不仅是根据类型（组织结构原因），而且根据其严重性。更要说明的是听力障碍的范围从轻到重。有轻微听力障碍的人会对小声或远距离说话感到听觉困难，但他们也许并不知道自己的听觉有问题。他们会认为别人的说话声太轻、太小了。极重度耳聋患者仅仅能听到非常大的声音，并且对于听到正常交谈的说话声有相当大的困难，对于微弱的声音很可能完全不能察觉。他们有可能会感觉到巨大的声音，但体验到的是触觉的感觉（如感到声波的振动），而不是作为一个特定音高或音色音响的特定的声音。通常，听力障碍越严重，其人际交流就越受影响。极重度或完全耳聋的情况很少，更常见的是听力障碍者仍保留着一些听力，称为残留听力。通过训练，他们可以学会最大范围地使用他们的残留听力，以便更好地理解语音和周围环境的声音。

音乐治疗提供听觉刺激

音乐治疗师选择的音乐活动或音乐素材必须对患者的听觉敏感（听力的准确敏感性）和停滞或有缺陷的交流技能都能够提供帮助。音乐治疗师应该了解每个患者的听力情况，既包括有关听力障碍的类型和分类，还包括一些助听器的类型和作用，与患者的听力治疗师或语言发音治疗师交谈对于了解患者最容易听到哪些音响特别有帮助。

只要恰当地调整轻度听力障碍者的助听器，他们就可以欣赏许多种乐器的声音。如果患者对于高频音响的敏感度差（这在神经性听力障碍中更常见），次低音和低音范围内的乐器比高频率的乐器更容易被听到，对于那些助听器也不起作用的极重度听力障碍患者，可以挑选具有较大表面振动的节奏性乐器，例如鼓、钢琴、低音棒和铝板钢片琴。这些乐器的节奏冲击能被感受到也能被听到。钢琴或低音萨克斯这样的乐器也符合低频范围和触觉感觉的标准。事实上，有些低频的和打击乐器的声音比人说话声（它包含着很多高频音响）更容易被听到。因此，乐器能成为达到最大程度上使用残留听力的治疗目标的一种特别有价值的治疗性工具。尽管有些乐器更容易被严重听力障碍患者听到，但个人的喜好同样重要。（Davis，1999）

音乐治疗提供语言能力或者交流模式

严重听力障碍的儿童普遍有语言不足的体验，这同样会影响他们参与音乐活动的能力。一般情况下，音乐治疗师需要使用与参与者当前发展水平相符的语言来交流。例如，复杂的乐器和解说会超出儿童的语言理解水平。他们很难理解用来描述音乐概念的专业术语。例如类似“小调”或“和声”这样抽象概念的术语就具有复杂的音乐特性。相反地，如“快”和“慢”就是更具体容易表达且更易于理解的术语。指导语应该简单清楚。另外，考虑到发展性的问题，音乐治疗师同样应该对患者的交流系统很敏感。如果孩子使用手语交流，那么治疗师应该能通过手势用两种方式参与交流，或通过一个合格的手语翻译进行交流。

对于听力障碍患者的治疗目标

尽管先天的或在幼年时患的严重听力障碍在人的整个一生都会影响到人际能力，但是应该尽可能早地在小学或中学期间开始音乐治疗干预。音乐治疗干预的领域涉及说话、语言或听觉识别。当听力障碍的儿童长到青少年或青年、成年时期时，音乐治疗师可以开始强调社交和音乐中的情感部分，如让孩子们参与到集体音乐活动中，把它当作一种休闲娱乐活动和艺术形式。

音乐治疗师帮助患听力障碍儿童康复的方法主要有四个：①补充听觉训练；②提供语言表达；③加强巩固语言的发展；④获得社交技能，提供一个有组织结构的活动（Davis，1999）。

（1）听觉训练。听觉训练是一种帮助患者最大限度地使用残留听力的干预方式，以改善对语言和外界环境音响的理解能力。听觉训练的最终目标主要在于改善语言理解力。因为音乐和说话有相同的结构特点（例如音高和音响的持续），通过促进残留听力的使用，音乐可以有效地补充听觉训练计划的进程。类似铝板钢片琴或钟琴这样的打击乐器和低音乐器能有效地使用于以下的目标：①感知声音（察觉有还是没有声音）；②识别声音（判断声音是相同还是不相同）；③辨别声音（识别音源）；④对声音的理解。音乐治疗师最初选择最符合患者的接受能力的声音，并且逐渐增加聆听内容的难度。

在一个案例中，音乐治疗师的治疗工作对象是一组患严重听力障碍的学龄前儿童（3~4岁），他们参加了一项特殊性语言康复计划。在孩子们个体教育计划中的一个目标是发展他们残留听力的使用。针对这一目标，第一步是了解有声与无声的区别。为了达到此阶段目的，治疗师决定使用一个大鼓来介绍有声和无声的概念。这个大鼓的鼓面很大，所以即使有某些特定的运动功能障碍的儿童都可以很容易地敲打出声音来。另外，还可以通过触摸乐器的底部来感觉鼓的敲击。当每个孩子依次敲击鼓的表面时，其他孩子能感觉到鼓的木质基底的振动，治疗师和其他小组成员就说并做手势：“我听到了声音！”当孩子停止敲击时，其他人都做手势“停止”。在另一种巩固加强有声与无声概念的方法中，治疗师随着孩子敲击的节奏模式行走，当敲击停止时立刻停在一个地方。很多听觉障碍儿童都喜爱玩这个通过制造声音和

静止来使人行走和止步的游戏。（Gfeller，1999）

尽管语言发展专家总希望能够超越这些听力训练工作，而达到使儿童能够接受那些包括细微说话的声音的水平，但感受声源在听觉训练的早期阶段确实很重要，它可提供非常积极的作用。首先，因为乐器的音频范围很广（从低到高），并且能相对大声地演奏，所以它比说话声更容易被听到，说话声的频率（音高）和强度（音量）范围更有限。这些音乐声响能为听力障碍儿童在了解声音的早期阶段提供成功的体验。鼓、钢琴和铝板钢片琴等容易触摸的表面振动的特定乐器能为患者提供有声与无声体验的触觉和听觉感觉。这些（例如当聆听敲击时触摸鼓）可以巩固加强判断有声和无声的辨别力（Fisher & Parker，1994）。

演奏节奏性乐器可让患者看到一个行动（敲击乐器）和随之产生的音响之间的因果关系。对于许多幼小的儿童来说，演奏节奏性乐器同样是一种积极主动的、充满动机的体验，因为他们主动创造并聆听了声音。孩子们的较高水平的动机可以在治疗期间帮助他们保持集中和参与的短时注意力。音乐治疗师既通过非正式的测验，也通过标准化的评估过程来评价听觉训练的进展。

（2）发展语音。听力正常的儿童通过模仿其他人的说话声音来学习说话。他们能听到自己说话的声音，并做出必要的调整改进。因为听力障碍的儿童听到的说话声或者是扭曲的或者是不完全的模式，所以他有些话听起来会不正确或全部遗漏。普遍的现象是患严重听力障碍的儿童说话音调不正确（例如太高）或使用不常见的节奏或音调（例如听起来单调或机械化），患有严重深度听力障碍的患者很少使用他们自己的声音，他们仅发出单个的音，而不是产生清晰的发音、音节分明的词或短句。

尽管音乐治疗师在发音康复上没有受过专门的训练，但是与语言发音病理学家不同，音乐治疗师能巩固加强说话发音的其他方面，包括：①增加自然发声的使用；②更加了解语音模式以及随之产生的更自然的语音节奏、音高、音量起伏和影响智力的因素。可以通过歌唱活动来鼓励自由发音法和声音模仿。（Gfeller，1999）

例如在学龄前儿童治疗小组里，儿童在练习发“m——”和“bu——”的音。治疗师为了鼓励儿童使用这些声音，决定教授儿童有关动物的儿歌。当介绍到牛和绵羊的歌词时，治疗师模仿“mu——”和“mi——”的声音，并且让孩子们假装扮演成牛和绵羊，而治疗师与一位语言发音病理学家合作，语言病理学家帮助每一位儿童发出尽可能好的说话声音。尽管孩子们在最初的发音不是那么清晰或正确，但是声音的体验对于改善发音是重要的一步。（Gfeller，1999）

因为对语音的能力的进步的评价在本质上是主观的，所以很难评估它。例如，当我们第一次接触带外地口音的说话人时，我们很难理解他的话。随着时间的推移，我们变得习惯于他说话的特别模式并且更能理解他所说的。同时，治疗师发现听力损伤患者越大声地发音，他们的话就越容易被理解。

（3）发展语言。严重的听力障碍不仅影响到听和产生可理解的说话声音的能力，而且对于语言的发展也有很大的影响。听力正常的儿童通过先听到别人的说话来学习单词、句法和交谈的规则。相反，听力受损的儿童很少有机会接触语言模式。因此，早期的和全面的干预对语言的发展而言很重要。患严重听力障碍的儿童甚至经过高强度的训练后，其语言发展通常仍落后于同龄儿童。最普遍的问题包括：不正确地使用单词或很少使用单词，造句法上的错误，使用较短和较简单的句子，自然本能的互动减少。

为什么在语言发展的治疗中要使用音乐？首先，在歌曲中，音乐通常伴随着歌词一起进行。而且，音乐活动通常有助于语言性的指导或指示，如歌曲写作或伴随音乐的手语这样的活动为教授或练习新的词汇提供了有目的性的方法，在组织构成一首歌曲的时候，治疗师鼓励患者用语言来表达思想。当小组成员讨论他们的想法并表达歌词和音乐时，音乐治疗师引导小组成员进行有关主题的人际互动。

例如治疗师为一组低龄学童提供音乐治疗。这些孩子患有中度到深度听力障碍。今天的音乐治疗内容是由孩子们写一首有关喜爱的食物的歌曲。治疗师在黑板上放上食物的图片，然后要求孩子们猜猜他们的一个朋友喜欢吃的食物。接下来，这些选择被放到一首叫作“我最喜爱的食物”的简单歌曲当中，这首歌是治疗师特地为活动而创作的。当每个孩子表达别人喜爱的食物时，治疗师为每种食物做出正确的手势和说话声音。（Gfeller，1999）

音乐治疗中语言发展目标特别集中在以下几点：①更多地和正确地使用词汇；②促进自发的和与主题有关的语言反应；③增强语言的完整性和复杂性。（Davis，Gfeller，Thaut，1999）

（4）发展社交技能。语言发展停滞和说话发音出现问题带来的结果是使听力障碍的孩子失去许多与其他人相互交流的机会。而且，一个语言技能有限的孩子会发现自己在理解指示、询问问题和表达上有困难，这些限制会导致其社会适应上的问题。

一些患严重听力障碍的孩子会表现出不成熟的行为或用社会不接受的方式表达他们自己。因此，音乐技能能促进合作性的集体活动。一个有组织的音乐活动可以提供非常好的练习基本社会能力的机会，例如，遵守秩序、注意他人、听从指示、与小组成员分享与合作，以达到一个集体的目标、恰当的情感表达等。对于一些患儿来说，创造音乐（例如演奏乐器、歌曲写作等）能成为一项令人满意的休闲娱乐活动，提供个人成功的机会。如果精心地选择乐器以及恰当的教授方法，甚至连严重听力障碍的患者也能成功地参与到音乐演奏、唱歌或歌曲写作的活动中去。（Gfeller，1999）

测量社会技能改善最便利的方法之一是改变特定问题行为的发生次数，例如治疗师会跟踪记录一个患者打断他人讲话或用不恰当的方式表达情感的次数。治疗师也可以使用一个专门设计的量表来评估患者的社会情感能力。如，Eeadow和Kendall专为耳聋学生制定的《社会-情感评估目录》。

因为听力障碍患者面临的说话、语言、听力识别问题非常复杂，所以音乐治疗师应该与语言发音病理学家或听觉专家一起确定正确适合的治疗目标和评估工具。为了发展一个良好合作和活动的正确计划，音乐治疗师必须与语言发音病理学家保持密切的合作关系。

语言交流障碍的音乐治疗

语言交流障碍可以分为两类：语言障碍和语音障碍。语言障碍是指不能正确地使用语言符号和语法。语音障碍是指说话时不能正确地使用音调、节奏，不能正确发音。患者可能存在一种障碍或同时存在两种障碍。

正确的呼吸量和发声器官的肌肉控制是正确说话的前提。一些音乐活动，如演奏简单的吹奏乐器或吹气和吸气的练习，可以帮助患者提高说话所必需的气息控制和肌肉控制能力。患者通过学习针对他们的问题特别安排的歌曲练习发声、发音、咬字，学习区别不同的发音、音调。患者通过特别安排的歌曲来进行节奏训练可以明显地影响他们说话的流利性和语言的分句分段能力。另外，一些研究表明，使用白噪声和节奏刺激作为背景可以显著缓解口吃现象。

20世纪70年代，在美国产生了一种专门针对由于脑损伤（如脑中风、脑外伤和脑神经损伤）造成的失语症患者的语言能力恢复的音乐治疗方法，被称为“旋律发音疗法（melodic intonation therapy，MIT）”。MIT方法通过歌唱训练患者练习元音和辅音的发音，最后逐渐恢复语言能力，取得了很好的效果。很多失语症患者不能讲话，但是能够唱歌，这是因为他们左脑的语言功能虽然受到了损害，但是右脑的功能却基本完好，而右脑可以经过训练后逐步发展出语言功能，作为对左脑功能的补偿。

儿童孤独症的音乐治疗

根据精神疾病诊断与统计手册（第四版，DSM-IV），儿童孤独症的症状主要表现在以下三方面：①情感淡漠，对亲人缺乏正常的依恋，缺乏目光接触，严重的自我封闭，不能与他人建立正常的人际关系；②广泛性语言发展障碍，不能正确使用语言，代词（你、我、他）倒错，反复使用无交流意义的语言；③行为障碍，反复重复刻板动作、摇摆、长时间迷恋小物体，固守同一生活环境等。另外，儿童孤独症发病在出生30个月之内。如果发病在30个月之后，应怀疑是否为儿童孤独症。

虽然孤独症儿童可能表现出广泛性的发展障碍，但是不排除他们可能在某些领域中表现出与其年龄相适应的发展，甚至具有特殊才能，例如机械记忆、精细动作的能力、特殊的感官能力和音乐方面的能力。

对感官刺激的反应

在对感官刺激的反应方面的障碍通常表现为两种症状：①感觉调节缺陷。表现为对外界刺激的过度敏感或不敏感，如对抚摸、声音、光线或疼痛等刺激的不正常反应。例如患儿可能对一支笔掉到地上的声音感到惊恐，但是对大声的警报充耳不闻。②固定的自我感官刺激行为。例如长时间地关注或摆弄一件物品，不断地重复一些无意义的元音或词句，或摇晃双臂，摇摆，长时间地摆弄小物件等。他们的行为没有表现出与他人的交往意图，而更多的是制造自我的感官刺激。对感官的自我刺激是儿童孤独症的一个最基本的行为表现，特别对2~4岁的患儿更是如此。

交流障碍

孤独症儿童最令人困扰的是他们的人际交流能力问题。他们常常表现出完全缺乏与人进行语言或非语言交流的能力或意愿。有些患儿可能完全不说话，或偶尔发出声音。即使有些患儿能够说话，他们的语言也常常缺乏实际的意义。例如，他们只能不断重复某一句话，如从电视上听到的广告词，或从父母那里听到的某些话，但并不是要传达任何信息。研究显示，在所有孤独症儿童人群中，有半数儿童始终没有获得语言能力（Rutter，1997）。另一半儿童即使获得了语言能力，他们的语言与正常语言也有明显的区别：①缺少社会亲切感（如招手说“再见”）；②错误地使用语句中的动词；③代词倒错（如应该说“我”，却说成“你”）。在具有较高语言能力的患儿中，他们的语言能力很少有能够超过简单地为事物“贴标签”、要求东西的阶段。他们的语言总是存在着语法错误、词汇量和概念使用的局限、语音语调模式单调等问题。

Rutter（1979）强调，孤独症儿童理解和使用语言的能力或多或少是存在缺陷的。他们可能可以在熟悉的环境中，在他人帮助下遵循简单的指令，但是在独立完成复杂的指令方面有很大的困难。

认知缺陷

对于孤独症儿童在认知方面的缺陷的实质和范围，我们目前了解得并不充分。在早期临床观察中，人们常常倾向于认为，孤独症儿童由于他们的症状造成了高智商的特点。但是现在的观察通常认为，大约70%孤独症儿童有智力发展障碍（IQ低于70），其中40%的人IQ低于50。Rutter认为，孤独症儿童伴随智力发展障碍的可能性与孤独症伴随高智商的可能性是一样的。

通常来讲，孤独症儿童的认知缺陷是由于其使用抽象思维的能力的局限性，听觉和视觉信号的接收和感受困难，以及对于事件过程的信息加工、整合能力缺陷造成的。（Rutter，1979）

社会情感

多年来，严重缺乏建立与他人的联系的能力被认为是孤独症最基本的特点。早期对于孤独症的治疗和研究都是集中在社会性孤独退缩和缺乏情感反应这一问题上。

孤独症儿童在社会情感方面的症状有四个基本的特点：

1. 患儿从出生即表现出严重缺乏与他人建立联系的能力。

例如患儿在其他人与他打招呼的时候无微笑反应，甚至拒绝父母的亲近和抚育。他们可能对自己周围环境中的他人予以忽视或没有反应，如当母亲离开的时候无焦虑反应。其中最明显的特点就是缺乏与他人的目光对视。

2. 孤独症儿童常常表现出情绪和行为的障碍，表现为不正常的情绪反应，或没有情绪反应。例如无明显原因的长时间愤怒情绪，或没有缘由地大笑或咯咯地笑。对周围环境刺激不能表现出正确的情绪反应，如被亲人拥抱时没有快乐的反应。

3. 孤独症儿童常常缺乏与其年龄相适应的游戏行为。他们可能长时间地专注于一个物体而对其他玩具不感兴趣，或以不正常的方式来摆弄玩具。他们可能咀嚼玩具，或用玩具击打自己，或在眼前晃动。他们喜欢长时间地独自堆积或摆弄一些小物体，而很少发展出与小朋友们一起玩耍的行为模式。

4. 孤独症儿童表现出固守同一的行为模式。他们顽固地保持自己的环境同一和日常生活规律的统一。诸如改变生活环境中的摆设或吃饭时间等这样的变化会引发情绪的爆发。孤独症儿童在行为方面的紊乱表现，随着时间的推移可能会有一定的好转或缓解，但是，他们的社会性孤独的特点会稳定地保持。（Thaut，1999）

儿童孤独症的音乐治疗

患有孤独症的儿童虽然拒绝通过语言与人交流，但由于音乐对他们来说是一种愉悦的体验，绝大部分患儿具有良好甚至很好的音乐感受能力，对音乐治疗都有很好的反应。音乐活动可以成为刺激患儿对周围环境的意识和人际反应的强化物，然后进一步引发语言反应和目光接触。音乐治疗师首先通过音乐逐步地与患儿建立起情感联系，并让患儿通过即兴音乐表达自己的情感，与治疗师建立非语言的互动和反应，然后通过歌曲学习语言，逐步掌握词汇和语言的节奏和音调。同时通过各种音乐活动来矫治患儿的各种刻板或其他怪异行为，增强患儿的行为控制能力。长期的临床实践证明，音乐治疗对于孤独症儿童的治疗是非常有效的。由于孤独症儿童大多对音乐表现出特别的爱好，所以音乐治疗的疗效较其他方法更为显著。

音乐治疗对于孤独症儿童的治疗主要集中在如下几个方面：①语言的发展；②社会和情感的发展；③认知能力的发展；④感知觉运动的发展。

音乐治疗在儿童孤独症领域的目标通常是：

1. 发展精细运动和粗大运动的协调能力。
2. 增强注意力集中能力。
3. 发展对身体的意识。
4. 发展对自我的意识。
5. 发展社交能力。
6. 发展语言和非语言的交流能力。
7. 促进对基本知识和学龄前知识的学习。
8. 阻断和改变仪式性或强迫性的行为模式。
9. 减少焦虑、情绪发作和躁动。

10. 训练听觉、视觉、触觉、动觉的感官接受和感知觉统合。

下列音乐治疗的方法常常被应用到孤独症儿童的临床治疗中：

1. 发音练习。例如歌唱单独或组合的元音，伴随正确的音调变化和呼吸支持。

2. 歌唱或念白，并伴随对身体的拍打。

3. 运动。包括舞蹈、创造性的运动、节奏练习和模仿技巧。

4. 音乐游戏。

5. 器乐演奏。在集体或个体的治疗中使用模仿或即兴演奏的技术。

6. 音乐聆听。（Thaut，1999）

学习障碍的音乐治疗

学习障碍是指那些智商正常或基本正常，但是在学校的学习中有一门或几门功课表现出特别的困难，学习成绩水平与其智商水平明显不符的儿童。这些儿童常常被认为笨、好动、不爱学习。实际上，他们学习上的困难是由于大脑功能发育的轻微障碍造成的，其中包括空间感障碍、时间感障碍、数量感障碍等，而这些都是学校学习中必需的能力。

有些孩子存在空间感觉和方向感觉障碍，造成他们左右不分，空间定位差。他们写字时常常偏旁部首颠倒，歪七扭八。他们不易建立从左到右的阅读习惯，还常常出现漏行掉字的现象，造成对课文的理解困难和计算上的失误。通过训练，如让孩子唱含有空间感和方向感内容的歌曲，做各种音乐游戏等，可以明显提高孩子的空间感和方向感。演奏打击乐器对锻炼孩子的空间感效果也很好，因为如果空间判断不准必然造成节奏不准，所以当孩子在敲击乐器时节奏正确了，他的空间判断能力也就提高了。

有些孩子存在数量感觉障碍，不能同时把注意力集中在一件以上的事情上。如一些孩子在默读课文时可以理解内容，但是如果要求他读出声来，他便不能理解其内容了。另外，如一边说一边做、一边听一边做、一边看一边听、一边听一边写等这些学习中必需的能力，对他们来说都会造成一定困难。有的孩子甚至不能在走路时讲话。这些孩子在学习中往往显得心不在焉，注意力不集中。音乐治疗师让孩子通过唱歌和演奏乐器，训练他们的听（声音）、唱（歌）、看（指挥和乐器及同伴）和演奏的协同能力，效果都非常好。

还有些孩子存在时间感觉障碍，这造成他们在时间的顺序感和对因果关系的理解上有困难，而这些对于语言的理解和数学运算来说，都是最基本的能力。他们在大脑中组织整理听觉信息的速度较慢，因此他们常常会需要较长的时间来理解别人的话，在课堂上很难跟上老师的讲课进度。因为音乐是一种时间的艺术，是音符在时间的顺序中构成的，如果时间的顺序感发生混乱，音乐就立即解体，所以通过音乐活动来训练孩子的时间感是一种行之有效的方法。

另外，这些孩子由于注意力集中的能力较差，自我行为的控制力也较差，不能较长时间地保持安静，对学习成绩的影响也非常大。音乐活动可以有效地提高他们集中注意力的能力和自我控制能力。

第六章

音乐治疗在精神疾病领域中的应用

精神疾病可以分为三大类：神经症、精神分裂症和情感性精神病。神经症包括各种恐怖症（如黑夜恐怖症、广场恐怖症、社交恐怖症、学校恐怖症、恐高症等）、强迫症、癫痫、洁癖、神经衰弱等。紧张焦虑是神经症的共同症状。在有些病症中，焦虑可能直接地表现出来，而在有些病症中，焦虑则以其他生理症状的形式表现出来。尽管神经症患者行为怪异，但是他们与周围现实世界仍保持着正常的联系，他们的人格结构基本正常。精神病，包括精神分裂症、抑郁症和躁狂症等，其最根本的症状可以归结为与现实世界失去正常的联系，人格结构出现紊乱，如思维紊乱、妄想、幻觉等。情感性精神病则表现为情绪持续严重失常。

神经症

神经症全称为神经官能症，是指由于各种精神因素引起的高级神经活动过度紧张，导致大脑功能活动暂时失调而造成的一种精神障碍。神经症一般没有任何可以查明的器质性病变，但可以见到较为严重的心理情绪的异常表现。神经症患者通常有充分的自知力，因此他们会对自己的症状感到焦虑而主动求医。他们的认知功能和逻辑思维功能基本完整，这与精神分裂症的丧失自知力，思维功能受到损害的特点可以明确区分。神经症患者的生活自理能力、社会适应能力和工作能力基本正常，因此属于程度较轻的精神障碍。神经症可分为：神经衰弱、癔症、强迫症、焦虑症、疑病症、恐怖症等。

神经症可以具有以下四个特点：

1. 意识的心理冲突。神经症患者察觉到自己处于一种无力自拔的自相矛盾的心理状态。其主要有两种典型体验是。患者感到不能控制其自认为应该加以控制的心理活动，如焦虑、持续的紧张心情、恐怖、缠人的烦恼、易激惹、自认为毫无意义的胡思乱想、强迫观念等。患者体验到无法调和的两种对立的情绪、欲望、思想、行为倾向、态度和价值观在自己的头脑中交替出现，相互斗争，造成两难的矛盾，不知如何是好，引发焦虑、恐怖或痛苦，而不能解脱。

2. 适应性障碍。神经症患者常常表现出固执、不合群、自我陶醉、怀有敌意，或过于轻信的行为特点。这些行为常常造成社会适应性不良，容易发生人际冲突。他们往往以自我为中心，过分地要求别人，因而与他人，甚至身边的亲人也很难保持稳定良好的关系。他们缺乏对自我的了解，总是将冲突的责任归于别人，放纵自己而又不能容忍别人，并容易将非伤害的情景判断为伤害性的情景，因而引发受伤害的情绪反应。

3. 躯体不适感。神经症患者自己的身体有严重的不适感，他们常常抱怨自己有严重的疾病，但身边的人却不能理解和同情自己。患者老是感到不愉快、心情紧张和不适。有时候会因为一点小事突然变得愉快起来，烦恼突然消失，但是不久后会恢复身体的不适和痛苦的心境。

4. 心因性。迄今为止，研究还没有发现由器质性病变导致的神经症。这也就成为辨别神经症的一条重要的依据。因此，如果确定存在器质性病变即可排除神经症的可能。

神经衰弱

神经衰弱在临床上表现为：

1. 精神疲乏、头脑迟钝、注意力难以集中、记忆力衰退、工作或学习不能持久、工作效率下降。另外，常常伴有易兴奋、对声光刺激敏感和容易胡思乱想且难以控制。

2. 情绪不稳定、易激惹、烦恼、焦虑、苦恼，但是无广泛性的焦虑或原因不明的情绪低落。

3. 常见紧张性头痛或肌肉疼痛。

4. 睡眠障碍、入睡困难、易惊醒、多梦、早醒、睡醒后仍然感到困乏甚至更难受。

5. 通常发病缓慢、病程长短不一。生活环境的改变可能引发症状，但也可能由于生活环境的改变而出现症状缓解甚至消除。

癔症

也称为“歇斯底里”，是一种由于心理因素或暗示而引起的疾病。癔症起病急，多发生于16~35岁的青壮年期，以女性居多。症状表现较为多样复杂，既可有精神异常和类似精神病的各种症状，又可有内脏功能失调和自主神经功能障碍的临床症状。

（1）身体障碍

①瘫痪。包括偏瘫、截瘫或全瘫痪等形式。这种瘫痪不伴有任何器质性病变或神经元损伤等病因，肌腱反射或肌肉张力正常。

②感觉缺失。表现为没有神经病理基础的躯体感觉缺乏或视听功能障碍。可突然出现失明、弱视、视野缩小等症状，但对光的反射仍然保留。也可能突然出现无病理基础的耳聋，有时对声音刺激有瞬间反应，有时可以在睡眠中被唤醒。对于皮肤感觉缺失的患者，如把她的眼睛蒙上，然用针刺其麻木部位，虽然她无感觉，但在此后立即让患者说出心里想到的第一个数字，则准是与针刺数目相同。

③感觉过敏。表现为某些皮肤过敏区的存在，该区域的皮肤即使轻微的触摸亦可引起剧烈疼痛。有的患者在咽部有梗阻感，但用喉镜检查无阳性所见。有的患者诉说头部紧压感，皮肤感觉异常或其他各种内部不适的感觉。

④痉挛发作（抽搐）。这是癔症发作最常见的形式，表现为类似于癫痫样的抽搐。发作以前可有头痛、胸闷、心烦、委屈等表现。患者发作时四肢抽动或挺直，两眼球上翻，在发作过程中

常有各种活动，如撕衣服、扯头发、捶胸、抓周围的人或发出怪声等。同时，其面部可有各种表现，显得夸张与做作。发作的持续时间也大大超过癫痫的发作时间。痉挛发作后，患者往往哭泣或不语，感到全身酸痛，疲乏无力。

（2）情感障碍

①情感爆发。这是本病常见的发作形式。患者在精神因素作用下，突然精神失常、哭笑、狂怒、叫喊、打人、毁物等。有时表现出委屈、悲伤、痛哭流涕，或又突然兴高采烈，又唱又舞，且常伴随幼稚、做作、撒娇或演戏样的动作表现。

②意识障碍。可为意识蒙眬状态，或为昏睡。意识蒙眬状态表现为患者情感丰富、表情生动、行为夸张、富于表演色彩。患者的谈话常为歌谣式，说出的内容多与精神创伤有关。有的患者可出现假性痴呆的表现，如有问必答，答案近似正确，如问他“你有几个耳朵？”他答“三个耳朵”。昏睡表现为呼之不应、推之不动、四肢发硬、僵卧于床，仅见眼睑颤动，或为癔症性木僵，动其肢体则有抗力。

③遗忘。患者不能回忆某一段时间的生活经历，甚至否认既往的生活和身份。有的患者甚至将整个生活经历都遗忘，这被称为全部遗忘。

④神游症。不仅记忆丧失，而且从居住地出走。当患者被发现时，他会否认全部经历，甚至否认自己的身份。

强迫症

强迫症患者在主观上感到有某种不可抗拒和被迫无奈的观念、情绪、意向或行为存在。患者可以认识到，强行进入的、违背自身意愿的思想，纠缠不断的观念或穷思竭虑，都是不恰当的或毫无意义的。患者也认识到那些强迫性欲望或观念是同自己的人格不相容的，但又被迫地出于自己内心。为了排除这些令人不快的思想、观念或欲望会导致严重的内心冲突，并伴随着强烈的焦虑和恐怖。有时患者可以为了减轻焦虑而做出一些近似于仪式性的动作，他明知没有必要，但不能自我控制和克服，因而感到痛苦。强迫症主要有以下几种临床表现。

（1）强迫观念

①强迫回忆。患者反复地回忆刚做过的或早已过去的事或经历，虽然明知无意义，却无法克制。

②强迫怀疑。这种患者对自己做过的事情经反复的考虑和检查之后仍不能放心。如写好信后老怀疑自己写错或漏掉了字，投信后怀疑自己是否把信投进信箱去了，锁门后怀疑是否真的把门锁好了，洗手后担心没有洗干净等。

③强迫联想。患者听见或看见某一事物会出现与这种事物有关的联想，如看见幼儿园就立即想起自己夭折了的孩子而无法摆脱。有一个患者，当他看见树枝时便不由自主地联想到森林和野兽咬人的情景，因而表现情绪紧张和恐怖。

④强迫性穷思竭虑。患者对自然现象或日常生活事件发生的原因进行反复无效的思考，虽然本人也感到荒谬，却难以控制。他思考的问题如“人为什么长两条腿？”“人为什么要小便？”“宇宙的边际究竟在哪？”“永远有多长？”，等等。

（2）强迫意向和动作

①强迫意向。患者在做某事时总出现相反的意愿。如一个

外科医生，双手已经清洁准备上手术台时，则出现要解大便的想法，无法克制。但他绝不采取行动，因此有这种想法的外科医生总想回避上台做手术，以免引起恐怖和焦虑不安。

②强迫性洗涤。怕不清洁而感染某种传染病。患者接触了某物，则要反复洗手，明知已经清洁，无须再洗，但无法控制，并扩展为洗衣服及洗澡，否则心情不宁。

③强迫计数。患者不可克制的计数。这与强迫性联想有关，如见到电线杆，或见到窗户，都要计数，不计数则感到焦躁，难以克制。

④强迫性仪式动作。患者总是要做一定动作，以此象征着吉凶祸福。如一患者进门时先前进两步，再后退一步，表示他父亲的病能逢凶化吉。如果没有完成这样的动作，则必须重复。明知这是毫无意义的，但他不做此动作，就焦虑不安。

焦虑症

焦虑症是指持续性精神紧张和惊恐发作，常有头晕、胸闷、心悸、呼吸困难、口干、尿频、尿急、出汗、震颤和运动性紧张，但并非由实际威胁所引起，或其紧张惊恐程度与现实很不相称，是一种无明显原因的恐怖紧张，并伴有自主神经功能障碍和运行性紧张。焦虑症的主要临床症状有以下几种。

（1）慢性焦虑症

①焦虑情绪。表现为客观上并不存在某种威胁、危险或坏的结局，但患者总是担心，感到不安和害怕，尽管他知道这是一种主观的过虑，然而常常不能控制，这使患者颇为苦恼。此外还有易激惹，对声音过敏，注意力不集中，记忆力不好。

②躯体症状。以自主神经功能亢进为主，如口干、上腹不适、恶心、胀气、腹泻、胸紧、呼吸困难、呼吸急促、心悸、胸痛、心动过速、尿频尿急、阳屡、性欲缺乏、痛经。此外还有头昏、出汗、面色潮红等。

③运动症状。与肌肉紧张有关，由于紧张性头痛，在顶、枕区，有一种紧压感。肌肉紧张痛和强直，特别在背部和肩部。手有轻微震颤，做精细动作时更为明显。

（2）急性焦虑症

①在躯体症状方面，当急性焦虑发作时，常会伴随严重的心血管系统的症状，如患者感到“心跳得像要爆炸似的”，觉得“心脏快要跳出来了”，不时地出现心悸、心慌，严重时甚至会出现晕厥。由于过度的呼吸，导致血中碱性成分增加而产生手足麻木、头部发胀，以致出现肌肉颤动。患者也可以有肠胃症状，如上腹部不适感、腹痛、尿便紧迫感、腹泻或便秘等。此外，患者还可以出现震颤、多汗、阳痿、早泄、月经失调和性欲缺乏等症状。

②睡眠障碍。患者几乎总是或多或少地存在睡眠障碍，大多表现为不易入睡，入睡后易醒，醒时不安宁、常有噩梦，醒来后感到很恐怖。

疑病症

疑病症是以过分关心自身的健康，不切实际地解释身体和感觉的异常，以因深信自己患有严重疾病而焦虑不安为特点的一种神经症。女性发病稍多于男性。

（1）疑病的心理障碍。患者相信自己患有严重疾病或不治之症，并往往坚信不疑，为此到处求治，跑过许多医院，找过许多医生，但反复检查均无阳性特征，或有小毛病但与本人感觉不相等。患者在诉说时，常以迫切心情详细描述症状，连一点细节也不遗漏，把病史背得滚瓜烂熟，而且熟练应用医学术语，并出现许多无法解释的感觉，如喉部被某种东西堵塞，肠子被扭曲，血液在皮下流动，小虫在某个器官组织或系统中爬行，等等。

（2）疼痛。这是本病最常见的症状。约三分之二的患者有疼痛症状，常见部位为头部、下腰部或右腋窝。患者会将这种疼痛描述清楚，有时甚至说全身痛，但查无实据。患者常四处求医，辗转于内外各科，毫无结果，最后才到精神科。

恐怖症

恐怖症是指恐怖性神经症，患者对某些事物或特殊情境会产生十分强烈的恐怖感。这种强烈的恐怖与引起恐怖的情景通常都很不相称、难以理解。患者由于不能自我控制而极力回避引起恐怖的事物或情境，他常常明知自己的害怕是不切实际的，因为引起恐怖反应的事物或情境实际上对个人往往并无伤害或威胁，也知道别人并不会因这些事物或情境引起恐怖。因此，这种恐怖是不合理的，是一种异常的表现。恐怖症主要有以下几种临床表现。

（1）社交恐怖。患者主要是害怕在众人面前出现，特别是对于被人注意尤为敏感。他们不敢到公共场所是因为害怕自己的发抖、脸红、出汗或行为笨拙、拘束无措和懦弱等引起别人的注意。有一些患者只要出现在公共场合就感到害羞而怕自己脸红，因而很不自然，内心忐忑不安。还有一些患者害怕会见陌生人，害怕见到异性等。

（2）空间恐怖。空间恐怖可分为广场恐怖（经过空旷的地方会产生焦虑不安，有的患者甚至害怕越过街道，害怕穿过庭院和走廊等）、幽闭恐怖（害怕封闭的空间，如怕独自待在一间房里，怕乘电梯、地铁，怕进电影院，怕乘车、乘船等）、高空恐怖（怕登高、上楼、过天桥、坐飞机等）。

（3）动物恐怖。患者表现出害怕看见或接触某种常人可以接近的动物，如狗、猫、蝴蝶等。但是应注意，这要与常人都害怕或感到恶心的动物区分开，如蛇、毛毛虫等。

（4）疾病恐怖。表现为患者害怕得某种可怕的疾病，如麻风、险病、艾滋病、癌症等。为了防止“感染”，患者在与别人握手前都要戴手套，或根本不敢与人接触。

（5）此外，还有利器恐怖、不洁恐怖、黑暗恐怖和雷雨恐怖等。

精神分裂症

在各类精神疾病中，精神分裂症是最为常见的，也是最为严重的病种，占精神科住院患者总人数的80%~90%，患病率为总人口的7%~9%。该疾病治疗预后较差，只有少数患者经过治疗后能完全恢复正常，大部分患者会反复发作或发展为慢性。经治疗出院后，患者通常存有人格缺陷和社会功能缺损，难以恢复原来的工作、学习和生活能力。因此，有人称之为“精神癌症”。精神分裂症的临床症状有：思维障碍、情感障碍、感知障碍、意志行为障碍等。

思维障碍

（1）联想障碍。最初可表现为联想松散，严重时出现思维破裂。患者谈话或写东西缺乏中心思想，缺乏逻辑联系，如不仔细分析，人们不一定认为这是病态。随着病情加重，患者的联想可以变得更加支离破碎，人们甚至从患者的书信和谈话里找不出一个上下相连的完整概念，令人不知所云。例如有的患者不愿意理发，因为“理发”让他联想到“离婚”；有一位女患者拒绝穿袜子，因为“袜子”会让她“挖子”；有一位男患者看到妻子放在桌子上的鸡蛋滚动时勃然大怒，认为是让自己“滚蛋”，等等。

（2）思维逻辑障碍。精神分裂症患者的思维逻辑往往是紊乱或荒诞的。如一位女患者将其丈夫刺伤，问其原因，她说是帮助婆婆解决入党问题。因为婆婆申请入党，必须牺牲一个儿子方有所贡献。有时患者表现为矛盾观念并存，不知如何行为。例如在吃饭时举起筷子又放下，如此反复多次。

（3）思维连续性障碍。思维中断是精神分裂症的特征性症状，患者感到思维在进行过程中突然中断，一时头脑空洞无物，稍停才重新开始另一话题。有时则是思潮连续涌现，但缺乏一定的指向性，表现为杂乱无章的语言兴奋。

（4）思维的异己体验。有些患者感到自己的思维被外力夺走（思维剥夺），而有些患者体验到一些思维通过外力插入到自己的头脑中（思维插入）。有些患者认为自己的思想被广播，而有些患者认为自己的思想“被人洞悉”。

（5）妄想。妄想也是精神分裂症的典型症状之一，可以分为各种不同类型的妄想症状。最为常见的有：①被害妄想。患者认为周围的人对他进行迫害，因而不断地投诉，甚至可能“出于自卫”而攻击甚至杀害他人。②关系妄想。患者将周围发生的无关事宜与自己联系起来，认为具有特殊意义。一个未婚女患者因一个同事在路上问她是否吃过饭而大怒，因为她认为这是污蔑她作风不好，已经有了早期的妊娠反应。③夸大妄想。患者认为自己是一个伟大人物，或是一名发明家，或是国家领导人，也有人认为自己是耶稣或释迦牟尼等。④嫉妒妄想。怀疑配偶对自己不忠，想尽办法进行跟踪或限制配偶的自由。患者深信自己的侦察能力和推理能力如同福尔摩斯，不断地通过生活中的各种蛛丝马迹来断定配偶有婚外情，并深信不疑，不为任何解释或证据所改变。严重时可能杀害配偶或自己认为的“情敌”。如怀疑自己的子女不是自己所生，也可能杀害子女。⑤钟情妄想。深信某一异性对他有好感，即使他所钟情的对象（如电影明星）在客观上绝不可能如此，他亦坚信不疑。他们可能千方百计地去接近钟情对象，屡遭拒绝也绝不灰心，对对方造成极大的骚扰。⑥疑病妄想。患者坚信自己患有严重的疾病，虽经过多方检查未发现证据仍然不能消除，坚持要求医生按照自己的诊断进行治疗。有一个患者认为自己的脑子里有一条虫子，跳楼自杀，并留下一张遗嘱，请家人在收尸时找到这条虫子。⑦罪恶妄想。患者认为自己罪大恶极，应受严厉处罚。一个男患者因为在梦中骂了领导，认为这是犯了罪，遂割掉自己的生殖器作为惩罚。妄想的内容还有其他类型，这里就不一一列举了。

情感障碍

情感障碍也是精神分裂症的常见症状之一。在疾病的急剧发作期，患者的情感可出现不明原因的剧烈变化，多是由于幻觉和妄想产生的强烈反应。患者表现为兴奋、紧张、恐怖、焦虑、抑郁或突然的情感爆发；可能伴有伤人、毁物或自杀行为。有的患者出现情感倒错，往往以无所谓的心情来叙述自己最痛苦的遭遇，或谈到高兴的事情时伤心落泪。有的患者有矛盾情感，爱和恨两种对立的情感同时出现，如有的患者痛斥医生是凶手，却同时要求医生留下来陪伴，免得自己害怕。

随着病情的发展，情感迟钝和情感淡漠往往成为患者长期而主要的症状。一些细致的高级情感常常首先受到损害，表现为患者对亲友缺乏热情，对家人态度冷淡，对是非善恶漠不关心，与别人的情感不发生共鸣。严重时患者可对欢乐、愤怒、恐怖等情境均无明显反应，甚至对任何刺激均无动于衷。

感知障碍

幻觉是精神分裂症的常见症状之一。幻听：有半数的精神分裂症患者伴有幻听症状。所听到的内容通常是令人不愉快的，如听到威胁或命令的语音要求患者做这个，不许做那个，或听到自己的思维被广播，或听到对自己的言行批评的声音等。幻触：患者总觉得被什么人或物体触摸，如感到身上有虫子或蚂蚁在爬行，或感到身体沾染上某种恶心的黏液等。幻嗅：患者总是闻到某种难闻的气味，如尸体腐烂的气味等。幻视：患者总是看到一些实际不存在的影像，如鬼影、野兽或人影，并引起惊恐反应。

意志行为障碍

患者表现为对生活、学习、工作等一切都缺乏兴趣，不主动参与活动，经常处于沉思之中。他不与周围人接触，整日闭门幽居或蒙头而卧，生活懒散，不修边幅，不注意整洁，孤僻退缩，完全与社会脱离。有的患者发生矛盾意向，不能果断选择应该做什么，总是犹豫不决。比如如果患者想睡觉，他走到床边后又退出寝室，如此反复，不能决定。有的患者在妄想的支配下，可反复地提出控诉或坚持进行某种犯罪活动，表现为病理性的意志增强，但这一现象并不能持久，随着病情的进展，意志行为活动的减退便日益明显。此时，即使患者偶尔出现某些行为活动的愿望，也缺乏动力去完成。

精神分裂症根据不同的症状特点还分为不同的类型，常见的有单纯型、青春型、紧张型、残留型等。这些类型的具体特点就不在这里详细介绍了。

情感性精神病

情感性精神病包括躁狂症和抑郁症。这两种病的临床症状截然相反，在早期曾被认为是两种互不相关的疾病。但是后来发现两种症状常常会在同一患者身上交替发作，最后才被定为“躁狂抑郁症”。具体可分成：抑郁型躁狂抑郁症（或称抑郁症）、躁狂型躁狂抑郁症（或称躁狂症）、循环型躁狂抑郁症（或称双相型）等。

躁狂症

躁狂症以躁动、喜悦、高傲为主。患者往往兴奋、多言、好动，遇事乐观且易发怒，可以不分场合环境地高谈阔论，旁若无人，兴之所至可以载歌载舞，肆无忌惮。这时患者的情感失去了抑制，任凭冲动而无所限制地发泄。由于情感失去控制，因此患者不分场合，不避亲疏，易怒易戾，甚至叫骂狂呼或纵情高歌，乱叫乱舞。临床表现可概括为：情绪高涨、思维奔逸、行为多动。

躁狂症的起病大多骤急，也有些患者在发病的初期阶段出现失眠、无力、行为减少、食欲不振、头痛等症状，或行为紊乱甚至放荡不羁，挥霍无度，类似轻度的酒狂现象，也可有短暂的沉闷抑郁出现，以后即迅速出现兴奋激动，行为紊乱愈益明显，对周围环境的骚扰更见日甚。在此阶段的患者，其精神活动特别旺盛，而且浮动，心情显见舒畅，呈现一种漫无边际的喜悦或行动过火不能克制。

抑郁症

抑郁症以情绪低落、意志消沉、思维迟钝、行为缓慢和减少为主要特征。正常的人们都会在正常生活中感受到生离死别的痛苦、抑郁沮丧的心境、所求不遂的遭遇，但是随着时间的流逝，人们通常可以渐渐地自我调节和适应，恢复正常的工作和生活。但是有些人的不良心境长期不能缓解和改善，而逐渐变得忧虑焦急、疑窦丛生、郁郁寡欢、悲观厌世、日渐消瘦、意志消沉、万念俱灰、自罪自责，严重的常常出现顽固的自杀意图，并不断地试图实现，手段越来越残酷，直至成功自杀。

他们基本上是病态的悲戚心境，以致造成在行为上的消沉冷漠和表情上的无动于衷。它在表面上与躁狂症恰成相反的状态，但两者都是情感失调的疾病。躁狂症是情绪高涨、欣快喜悦，因而行为放荡不羁；抑郁症则是悲观抑郁、愁绪满怀，因而行动迟钝不敏捷。

抑郁症的发作，大多是渐进而隐伏的。患者在开始时变得闷闷不乐，少语，自觉思想迟钝，头上似有某种钳制样的感觉，进而行动上亦显迟钝。其思想表现有一种停滞不前的模样，患者变得易感动、好流泪，无力、倦怠，具有悲观失望的情绪。有些患者在开始时有类似神经衰弱的一些躯体症状，如头痛、食欲减退、消化不良、舌苔厚腻、空噎、失眠……其中以失眠最为显著。这种情况不仅在疾病开始时即已出现，而且在疾病的整个过程也是存在的。失眠的特征是早醒——患者在很早即已经醒来，开始担心这一整天如何挨过去，因而感到极为忧虑不安。其症状可以概括为：情绪低落、意志消沉、思维迟钝、容易疲劳、行为迟缓。

双相型的躁狂抑郁症兼有以上两种症状，交替出现。但一般随着病程的进展，抑郁的症状逐渐成为主要特征，而躁狂周期出现得越来越短，越来越少，最终归于抑郁。与精神分裂症不同，情感性精神病的预后较好，痊愈后一般不遗留人格缺陷，可完全恢复正常的生活和工作。

（注：本章关于精神疾病症状的介绍主要依据吕武平等人的《心理门诊》一书。）

音乐治疗在精神疾病领域中的应用

在音乐治疗中，治疗师使用音乐放松训练的方法来帮助患者缓解紧张焦虑。在集体治疗中，乐器即兴演奏和跟随音乐的运动等也可以降低患者的紧张焦虑。聆听和演唱歌曲并对歌词进行讨论，可以帮助患者正确表达感情，并促进他们的认知功能。患者在集体的音乐活动中练习和提高自我行为的控制能力，学习和提高与他人的合作能力和沟通交流的能力。患者的病症和长期的住院环境通常使他们的自信心和自我评价受到严重的创伤，甚至丧失殆尽，而在音乐演奏或歌曲演唱活动中的成功体验有助于提高患者的自我评价。另外，由于音乐具有强迫接受的特点（视觉感官可以在不愿意看的情况下通过关闭眼睛来拒绝视觉信息进入头脑，而听觉器官则不可关闭，因此听觉信息可以在主体不愿意的情况下仍然进入人的大脑），所以音乐活动可以强迫患者从他们的变态和扭曲的主观世界中脱离出来，回到现实世界中来，最终重建与现实世界的正确联系。（Gfeller，Thaut，1999）

导致精神疾病的原因有：人格结构中不适应的部分、外部环境的压力、生化问题，先天遗传等。精神疾病的症状范围可以从社交退缩到攻击性，或从欢欣得意到情绪低沉抑郁。一些患者无现实感，而另一些也许很清楚他们现在的状况；一些病症持续的时间较短，而另一些可能间歇性地反复发作；还会有一些逐渐转为慢性长期的病症。而且，情感障碍发生的年龄段跨度很大，有些问题在童年时期就出现了，而有些问题则可能主要出现于成年期。

在精神疾病治疗机构的临床实践中，根据患者自身的具体情况，音乐治疗的方式变化很大。面对各种各样的患者，音乐治疗师该如何选择适合个体的治疗方案呢？一方面，音乐由于作为一种艺术形式的灵活多样性，在治疗过程中使用的范围很广。音乐对于各年龄段的人都很有意义，能在社会中发挥不同的功能。从结构上看，音乐能在其风格体裁和复杂性上做出很大变化。想一想儿歌《世上只有妈妈好》、西部民间歌曲《兰花花》和贝多芬第五交响曲之间的不同之处，几乎每个人都可以找到自己喜欢和感兴趣的音乐类型。

在精神疾病治疗中，音乐治疗的方法

音乐作为一种治疗工具，其真正的力量在于它的灵活多样性。音乐有着广泛风格的多样性和复杂性，人们可以通过被动的聆听，或直接参与音乐活动得到娱乐。没有受过或受过很少音乐训练的人和有很深厚音乐背景的人都可以从音乐中得到快乐。它可以作为一种独立的艺术整体形式，或者作为抒情诗歌、舞蹈或视觉信息刺激的一部分（如电影中的背景音乐）与其他非音乐的艺术形式相联系。音乐可以个体欣赏或者集体共同分享。所有这些音乐特点使它成为一种治疗媒介，人们通过它能使人格和行为得到改变。

（1）聆听音乐和讨论。我们在前面指出过音乐能唤醒人的情感和思维。有些音乐会引发头脑中特定的想法，例如，一首歌也许会使我们回忆以前发生的事情。因为音乐是一种可以引发感情和思想的情感性语言，它对于增加情感表达和自我了解来说，是一种强有力的工具。

例如，A先生是一名接受音乐治疗的患者，他一生中经历了一系列灾难性的打击。在孩提时代，他父亲就抛弃了家庭。后来，他母亲患了病，并在他上高中时去世了。在他的青少年和成年时期，他发现自己很难与女人相处并建立一种良好的关系。音乐治疗师决定在当天小组治疗阶段中把焦点问题放在关系这个主题上，他用西蒙和加福克尔（Simon & Garfunkel）的歌曲《我是一块顽石》（I Am a Rock）来开始小组讨论。这首歌讲述了一个因为恐怖被伤害而害怕接近别人的情境。当歌曲结束后，A先生告诉治疗师自己的感觉与歌手一样，他也因恐怖被别人抛弃而害怕与他们接触，害怕自己再一次被伤害。小组的其他成员马上给

予A先生支持性的反馈。（Gfeller，Thaut，1999）

正如这个例子所说明的，一个音乐治疗师可以利用音乐这种情感的语言来帮助患者，更加了解他们的感情和思想，或者促进讨论、社会交往和人格内省。在上面的例子中，音乐就是与心理治疗中的语言形式结合起来使用的。

当把音乐用作心理治疗中的一部分时，一个治疗师会采用多种步骤来促进治疗性的改变。虽然团体治疗中的领导技巧是多种多样的，但通常情况下，治疗师会采用在团体治疗的开始时介绍活动的方式。治疗师首先介绍小组的基本原则，以便让小组成员在集体中感到舒适和安全。在团体治疗的最初的适应阶段，治疗师还可以评估小组成员目前的情绪和功能水平，同时，小组成员可以协助制定有关的小组治疗目标和目的。

在最初的热身阶段后，治疗师会挑选有助于情感的反应和人格内省，或促进积极的行为改变的音乐刺激和音乐活动。例如，患者可以首先通过音乐体验来释放焦虑的情绪，然后治疗师帮助患者对于那些情绪做出反应，接着帮助患者把在治疗中的情绪体验与现实生活状况联系进来。患者在治疗师和其他小组成员的帮助下开始系统地陈述自己有关治疗性改变的具体计划。（Gfeller，Thaut，1999）

（2）演奏和创作音乐。音乐治疗师受过专门的训练，能够帮助没有任何音乐技术的人唱歌、演奏乐器或创作音乐。演奏音乐包括即兴演奏，即小组成员们演奏音乐并与他人进行互动，也包括演奏事先创作的音乐作品。有的时候，音乐表演会围绕某人或小组集体创作的一个新音乐作品。学习音乐技巧的过程和特别安排的音乐作品能激发各种功能水平的患者参与活动。

音乐演奏或创作包括“过程取向”和“结果取向”两类音乐活动。“过程取向”强调在音乐的创造过程中产生的实际的人际互动和行为就是治疗的核心（Unkefer，1990）。通常，患者会表现出与他在其他生活情境中相同的习惯性行为模式（有健康的也有不当的）。例如，在小组合唱时，让一个害羞、退缩的患者带头选一首喜爱的歌曲会很困难。他非常羞怯，因此会感到很难从活动开始到结束一直坚持待在小组中。相反，一个处于躁狂期的患者会霸道地控制整个小组。在创造音乐的活动中，治疗师鼓励每个患者尽量使用更健康适当的行为方式，限制不适当行为。健康的人际互动和目标行为是这类活动的主要目的。

“结果取向”活动强调创作一个完整的作品，如完成一首音乐创作作品，或者表演一首新学的歌曲（Unkefer，1990）。由于许多患者都缺乏自尊，无能感、失败感强，因此，获得成就感、增强自尊就是这类活动理想的治疗效果。

（3）随音乐活动。音乐历来与舞蹈或运动相辅相成。运动是表达自我或提高自我意识的有力工具。结构性较强的社交舞蹈可以用来促进适当的社会交往和参与性。在很多情况下，音乐可以促进肢体锻炼，比如有氧运动。在所有这些例子中，无论是在如交际舞这样的支持性活动中，还是在像表达性运动这样的内省性活动中，音乐都成为运动的催化剂。

（4）音乐与其他表达性艺术结合。音乐不仅可以与运动和舞蹈有效地结合，还可以与视觉和书法艺术结合。音乐刺激可以作为绘画或文学中表达思想和情感的催化剂。例如，在小组治疗中，患者可以听着德彪西的《牧神午后》作画和写诗来反映他对音乐的感受。这一活动至少有两个治疗目的：第一，通过一种艺术载体，鼓励小组中的个体表达他们自己。第二，为了完成最终的作品，小组成员们必须协调个体之间的差异，共同合作，解决问题。无论是轻快活泼的节奏性音乐，还是沉思安静的音乐，都有助于产生灵感和组织视觉、文学艺术。（Plach，1980；Unkefer，1990）

（5）休闲娱乐的音乐。人们经常以为治疗完全是沉重的心理探索。其实，很多患者从放松娱乐中也会受益。例如，在高度紧张的社会生活中，一些高级企业管理人员不能使自己感到放松和愉悦。对于那些控制思想行为有困难，不能有效地参与休闲活动的精神病及低能力患者，音乐娱乐同样很有价值。对于那些无法组织自己思维和行动的精神病患者，应让他们充分有效地参加到休闲活动中。许多药物依赖的患者大部分通过药物达到愉悦感，随着脱毒治疗，他们需要学习适当的休闲技能，以充实现在的空闲时间。

音乐活动可以为个人或小组提供一个健康的消遣娱乐方式。与朋友们一起演奏音乐就是一个很好的例子。学习弹吉他或钢琴也是有趣有意义的娱乐。像“猜曲名”或“音乐谜语”这些游戏能给孤独的、问题重重的业余生活增添快乐。（Gfeller，Thaut，1999）

（6）音乐与放松。在音乐治疗的过程中，音乐不是像在业余时间里那样随意或偶然地，而是有组织地使用系统的方法来帮助患者放松，以促进精神和生理的放松。例如，音乐可以与各种肌肉放松训练结合使用，促进身体放松（Hanser，1985）。经过充分的训练，有时甚至一播放在放松训练中配合使用的特定音乐就能引起放松的反应。在“音乐想象”中，用音乐可以唤起图像。例如，音乐治疗师可以挑选一首器乐作品，以使人想起美好的事情或宁静的草原。这些想象能帮助患者减少紧张，将注意力集中在积极的想法和感受上（Scartelli，1989）。在较浅的层次上，聆听具有放松特性的优美音乐能暂时将患者从焦虑的思想和情感中带出来。

不要把以上这些音乐治疗技术的运用理解为音乐治疗的“使用手册”，它只是展示了音乐用作治疗工具的不同方法。音乐活动或音乐刺激的治疗效果需要正确的应用和实施。最好的活动如果用在不适合的患者身上，也能造成灾难性的影响，或者不能起到有效促进的作用。要想成功地组织好活动，需要具有敏锐的感受性和充分的专业知识训练（Gfeller，Thaut，1999）。另外，干预方法的选择应根据个体和小组的治疗需要，在评估后做出决定。患者当前的功能水平是一项重要的考虑，以下介绍根据患者的功能水平和需要进行的小组音乐治疗干预。

（7）团体治疗的应用。就像我们在前面的诊断分类中提到过的：情绪或行为障碍的患者都有许多病态特征，不同程度地影响他们的日常生活。例如，处于精神病发作期的患者会对自己是谁，自己在哪儿搞不清楚（缺乏现实感），并在如吃饭穿衣等方面的基本的生活自理都有困难。相反，有些有情绪问题的人有充分的现实感并能清楚地认识自己的问题（DSM-IV；Unkefer，1990；Wilson，et al.，1996）。

此外，经过治疗，患者的功能损伤程度会发生改变。在住进医院的最初几天，一个生理上有障碍的患者会表现得非常混乱，甚至连最简单的事情都做不了。经过几天有效的药物治疗、个体环境治疗和小组治疗，这个人已神志清醒并能胜任日常事务。

针对精神病患者的不同情况，Wheeler（1983）提出了音乐治疗临床实践的三个层次：①支持性、活动取向的音乐治疗；②再教育、内省和过程导向的音乐治疗；③重塑、分析和宣泄导向的音乐治疗。有关Wheeler的音乐治疗干预的三个层次的理论，我们在第二章已经介绍过，但是Wheeler的这一理论最初是专门针对精神科的音乐治疗提出的。我们在这里进一步具体地介绍Wheeler在精神科领域的三个层次干预的描述。请注意，在第二章中，有关三个层次的名称与这里的用法有所不同，这仅仅是因为在第二章中的用法是比较通俗的说法，而在这里我们使用的是Wheeler原文的说法。二者在内涵上是一样的。

支持性、活动取向的音乐治疗

在支持性、活动取向的音乐治疗（supportive，activity-oriented music therapy）层次上，音乐治疗师设计各种活动以促进患者的健康行为和参与性。音乐活动要求患者积极主动地参与并且体验到“此时此地”（Unkefer，1990；Wheeler，1983）。这一层次使用的活动与日常生活中的很相似，如合唱、演奏乐器、音乐游戏，但是也有一些重要的区别。为了让那些功能水平、音乐能力不同的患者都最大限度地参与，这些活动要经过治疗师细心的组织。例如，那些意识混乱、退缩或焦虑的患者很难加入并保持在一个哪怕最简单的互动活动里。音乐治疗师设计的活动就要使这类患者都能体验到不同程度的成功，并能恰当地参与到社交性活动中。这一层次的活动同样适合一些由于严重情绪问题导致的功能暂时低下的人。在活动取向的治疗中，即使能力较高的患者也能从学习休闲娱乐技能中受益。这一层次的治疗目标是：

1. 促进社会交往和对他人的认识。

2. 保持现实感或对“此时此地”的意识。

3. 转移神经症或强迫症性质的关注。

4. 恰当并成功地参与到集体活动中。

5. 控制冲动行为。

6. 健康地使用休闲娱乐时间。

（Unkefer，1990；Wheeler，1983）

让我们来看一个活动导向式音乐治疗的例子。

慢性精神病患者在集中精力、简单的社交和完成任务方面都有困难。治疗师从《音乐之声》中选择了歌曲“我最喜欢的”作为治疗的开始。她首先制作了写有歌词的歌谱，然后用吉他为小组合唱伴奏。小组成员一起唱完歌后，治疗师要求每个小组成员转向旁边的人，问那个人最喜欢的音乐、体育活动和季节。过了一会儿，治疗师又制作了一份“我最喜欢的”的歌谱，但歌曲中缺一部分歌词。治疗师让每个成员说出一个从旁边成员那儿问来的最喜欢的事物，她把这个事物的名称填到歌词中。最后，小组成员演唱他们自己创作的“我喜欢的”，歌词中现在包含了他们自己的想法，而不只是原来的歌词内容。在这一节治疗中，有些小组成员可能会不愿参与到活动中，或很难待在集体中。还有些人的发言似乎很古怪或与当时的主题无关。治疗师则鼓励或重新引导每个人与集体的治疗活动保持一致。（Davis，Gfeller，Thaut，1999）

尽管上面的例子看起来基本像一个有趣的合唱而已，但更重要的还在以后。在这个小组中，参与者们的严重的精神病症状妨碍着他们集中精力、与别人交谈或完成甚至很简单的任务

（Unkefer，1990；Wilson，et al.，1996）。在这个活动中，治疗师可以首先通过让患者参与到集体歌唱中，鼓励患者有目的地参与到一个有结构有现实感的活动中。然后用“我喜欢的事物”这类有现实性的话题来促进正确的社交。有结构的简单主题能帮助那些退缩型患者或精神病患者有效地互动。治疗师在为歌曲填入新词后，帮助患者投入到与最喜欢的事物有关的话题上。

在支持性小组治疗中，当患者出现负性行为（如打断他人讲话、说与小组讨论无关的事情、不服从指导等）时，治疗师会做出反馈，并且帮助患者尝试积极的改变。然而，在这一层次的干预中，治疗师通常不会深挖不当行为的原因。那种类型的干预更多出现在下一层次治疗中：再教育、内省和过程取向的音乐治疗。

再教育、内省和过程取向的音乐治疗

在再教育、内省和过程取向的音乐治疗（reeducative，insight-and process-oriented music therapy）层次上，积极主动的参与仍很重要，但更强调语言反馈和人际关系与情绪的进程。因此，活动的设计是为了促进：

1. 情感的识别和表达。

2. 解决问题。

3. 意识到自己的行为。

4. 促进行为改变。

在这一层次上，患者能够获得对情感和行为的深入洞察，重组价值观和行为模式（Unkefer，1990；Wheeler，1983）。音乐在这一层次上是如何使用的？让我们看看下面的例子。

某治疗师有一个每周一次的门诊性质的小组治疗，小组中的患者不再需要住院，但他们在现阶段仍需要继续支持和治疗。治疗师用一项类似大合唱的活动作为治疗的开始。每个小组成员得到一本有许多流行歌曲的歌本。如果治疗师计划这个活动是为低功能患者准备的，她会简单地要求每位患者挑选一首歌与小组中其他成员一起唱。这一活动的目的是适当的集体参与。然而，在再教育的层次上，她会有更高的期望。在小组中，她要求每个患者挑选一首最能表达他今天感觉的歌曲。在集体演唱歌曲后，治疗师可以接下来鼓励每位患者讲述歌曲是如何表达他的情感的，可能是什么事件促成了这种情感，同时探讨应对那些负性情绪的对策。（Gfeller，Thant，1999）

一般来说，这一层次的治疗需要患者有良好的现实感并能较好地与人沟通。在上面这个例子中，治疗师要求患者：①识别他们的情感；②和小组其他成员分享这种情感；③试着理清可能是什么事件促成了这种情感。尽管治疗师会帮助了解和洞察某些情感和行为，但这一治疗层次的焦点仍然是目前面临的现实问题，而不是可能造成情感伤痛的潜意识冲突。

重塑、分析和宣泄取向的音乐治疗

重塑、分析和宣泄取向的音乐治疗（reconstructive，analytically and catharsis-oriented music therpay）层次的音乐活动用以揭示、发泄或解决潜意识冲突，如阻碍人格发展的童年期创伤经历（Corey，1996）。下面是一个例子：

S是一位40岁的成年男子，与女性交往有困难。按照心理治疗师的观点，这种交往困难要归因于他与母亲的关系。他母亲是一个严厉、专制的女人。在音乐治疗门诊中，治疗师为S选择的活动可以引发患者对现在或过去的想象或情感。通过把潜意识中的情感、冲突（如S的挫折感和对母亲的敌意）带到意识中来，患者能够获得对不良行为和焦虑的内省。因此，可以调整患者行为中神经质的成分，减少紊乱行为。例如，通过治疗，S对与女人交往不再感到那么有威胁了。（Gfeller，Thaut，1999）

进行重塑治疗的音乐治疗师需要严格的训练和督导（Unkefer，1990；Wheeler，1983）。接受这一层次治疗的患者需要具备良好的现实感和改变其人格的强烈动机。在重塑的治疗中，音乐常用来引发想象或重建过去的矛盾冲突。例如，许多人说，听着音乐能帮他们忆起一些画面（如平静的草原或暴风雨），或带给他们不同的情绪。音乐治疗师应选择能有效引发想象的音乐。这一治疗层次常用的另一种活动是即兴演奏（Unkefer，1990；Wheeler，1983）。通过与乐器互动的过程，患者可以用非语言的方式表达情感或与过去重要人物的关系。

在设计一个适合的干预方式时，以下几点考虑都非常重要：对患者的诊断，治疗小组的理论流派，社会心理功能和治疗需要（Unkefer，1990），还有就是患者的心理成熟程度、年龄和文化背景。

康复治疗过程的改变：短期治疗

在过去的几十年里，精神病治疗的方式发生了巨大的变化。许久以来，像精神分裂症或慢性情绪障碍这样的慢性精神病患者，会在精神卫生机构里度过自己人生的大部分时光。音乐治疗师通过建立医院乐队、管弦乐队和合唱团，帮助他们提高了生活质量及完成任务的能力。抗精神病药物发明以后，许多重度和慢性精神患者功能可以正常，但仍需要几星期或几个月的时间间歇地住院。

在过去的几十年中，随着药物治疗变得更加有效以及康复政策的变化，精神病的住院趋于短程。患者会因为严重的精神病发作或有自杀企图被送进医院，但住院期间仅是接受了精神病评估，通过药物治疗和环境治疗稳定了行为，制定了一份院外治疗方案，比如在社区精神健康中心接受个体心理治疗或小组治疗。

强调短期住院治疗改变了音乐治疗的方式。音乐治疗师更有可能在患者住院期间提供活动（支持性、活动取向治疗）帮助患者稳定行为。音乐治疗师可以为接受院外治疗的能力较高的患者提供再教育或重塑的音乐治疗方案。

简言之，音乐治疗师需要考虑每个患者的病情、发展水平、心理年龄和文化背景，治疗小组的理论取向、功能水平及患者参加音乐治疗的治疗需要。通常，参加小组治疗的患者具有各种不同的疾病、年龄层、能力和文化背景，这对治疗师来说是个挑战，他必须想办法在每一次治疗中协调满足每个患者的需要。基于这些复杂性，音乐治疗师在基础的治疗互动和针对精神患者的特殊音乐使用上，都要经过扎实的训练。

第七章
音乐治疗在老年性疾病领域中的应用

脑中风的音乐治疗

脑中风（stroke）是成年人中最普遍并且可使神经系统瘫痪的疾病。脑中风患者大部分可以存活较长时间（严重脑中风阶段死亡率仅为15%）。然而，所有存活者中有50%会遭受永久性的神经系统残疾，这会引起丧失全部或部分生理或认知的功能障碍。（Davis，Gfeller，Thaut，1999）

定义

脑中风的专业术语是脑血管意外（CVA）。当一部分脑部血液供应突然中断时，会导致脑中风。受损部位的脑细胞得不到必要的氧气供给，脑细胞会死亡或受损伤。（Wade et al.，1985）

脑中风以及脑的缺血性损伤会影响到一个患者的生活模式、行为和功能水平的许多不同方面。一个脑部缺血性损伤的患者在康复过程中需要涉及的有情感、身体、社交和认知方面的问题。因此，脑缺血性损伤康复要由一个多学科的治疗小组来完成，治疗小组的成员通常有外科医生、心理学家、社会工作者、物理治疗、语言治疗、功能治疗和相关学科的康复专家。一个康复性音乐治疗师通常会是小组的一名成员，在患者的治疗中与其他成员合作。音乐治疗可提供一系列专业化的技术和活动，这些技术和活动涉及认知、社交、身体和社会情感的缺陷方面的患者康复需要。另外，音乐训练可以提供一个大范围、有组织，同时患者又拥有充分的自由选择权利并能融合参与的集体治疗环境。在这里，音乐活动的设计可适合每一个患者的功能水平，并且有助于产生有意义的音乐集体体验。所以音乐治疗师不管在住院区还是在门诊的康复场所都能成为一名非常有作用的、交叉学科的和促进“以患者为中心”医疗理念的治疗人员。

评估

脑中风患者的评估涉及对于丧失的功能和任何丧失的严重性的识别和描述。一般的评估有四个主要领域：认知功能、交际、生理功能和社会情感功能。

认知功能

“认知功能”这个术语经常被用来描述各种思维和智力能力，包括记忆力、注意力、觉察力、逻辑能力和一般的意识状态。在脑中风的早期阶段，几乎有50%的患者遭受到意识层次上的一些变化。有些患者会在很长一段时间里无意识；另外一些患者也许仅仅会在几小时或几天里出现思维混乱、无方位感、感觉迟钝、昏睡状态。

常用的测试是用智商测试来检测智力和逻辑能力的损伤。这些测试可以在神经科专家的帮助下确定患者的功能水平。功能水平的范围有：对书写和交谈信息的理解力、对普通知识和数学的理解力，对于抽象信息的逻辑能力和理解能力（例如，一把斧子和一把锯有何相似之处），注意力范围，记忆力，视觉观测力。几乎任何脑部损伤都会导致记忆问题。脑中风患者的记忆能力障碍包括：信息记忆力，学习新事物的能力，从一个事物到另一个事物的归纳知识的能力。

身体的一侧失去感知是脑中风患者的一个常见症状。我们的中枢神经系统是交叉支配的，也就是说，大脑的一边（半球）控制着身体相反的一边。所以，例如大脑左半球的视觉控制中心受到损伤，会引起右眼视觉范围的视力感知受到限制或完全丧失。需要注意的很重要的一点是，这时患者右眼没有视觉损伤，而是接收视觉信息的大脑中心受到损伤。有时来自整个一侧的视觉、听觉和触觉知觉都丧失。如果你站在患者身体受影响的一侧说话，你可能被患者忽视。有时患者会忘了穿失去知觉的身体一侧的鞋，以及仅仅吃盘子里一半的食物，或者仅仅阅读一页纸的一半。

交际

许多脑中风患者会遭受各种形式的交际障碍。从理解语言、语音、阅读和写字到使用任何人际交流的符号标志系统，都可能出现问题，例如手势、手语，或视觉交流中对形象的选择能力。大脑左侧受损的脑中风患者在人际交流方面的症状更为严重。据统计，90%的右利手个体和75%的左利手个体的主要语言中心位于左半脑。

脑中风常导致三种类型的交流障碍。

（1）失语症（aphasia）：其定义是脑损伤导致的语言使用能力受损。具体地讲，失语症是指没有能力理解和翻译语言符号和用符号对语言进行明确表达的能力。例如一个失语症患者也许不能理解说话的语言（接受性失语症），或者不能用语言说话来明确表达自己的思想（表达性失语症）。如果患者同时存在接受性和表达性的问题，我们就称患者的症状为综合性失语症。

（2）构音障碍（dysarthria）：控制说话发音机制的神经肌肉系统受损导致的一种语音障碍。发音功能的系统包括呼吸、吞咽、发声所需的组织结构，说话中发音和共鸣所需的包括下颌、嘴唇、舌头、腭的运动。发音困难患者的说话是缓慢的、不清楚的。患者用一种单调的、带鼻音的声音说话。通常，患者由于呼吸协调和发音有困难，导致发音和语句的流畅性受到损害。

（3）言语失用症（apraxia）：是一种由于控制语音的神经肌肉机制发生障碍，而导致的语言过程中的顺序和位置不正确，发音的说话肌肉不正确。因此，说话言语的发音顺序被严重打乱了，换句话说，患者试图说一种语言顺序的声音，却得到另一种结果。

失用症影响到自主说话的活动，而像自发的、条件反射这样的不自主活动并没有受到影响。例如，语言治疗师要求患者说“早上好”，患者无法做到，但不久以后患者在病房的走廊上突然顺利地用“早上好”回复某人对他的问候。（Thaut，1999）

生理功能

作为脑中风后遗症，最常见的身体残疾状况之一就是瘫痪，即丧失对肢体运动的自主性控制。脑中风患者中最常见的是身体右侧或左侧的瘫痪状况，分别称为右侧或左侧半身不遂。因为中枢神经系统在很大程度上为交叉支配，也就是说，大脑一侧的神经通过头部及脊椎延伸到另一侧的身体部分，因此，左半脑的运动区域受损会导致右侧半身不遂。

脑中风患者的身体残疾可以表现出四个类型的问题：①力量和持久力；②灵活性；③肌电；④协调力。

肌肉的力量和持久力在最初明显地减弱，并且会妨碍或限制有目的的运动。作为综合身体恢复的一部分，未受影响的一侧身体通常也表现出衰弱的状态。

柔韧灵活性是指关节周围肌肉的运动范围。脑中风会影响到肘关节、腕关节、肩关节、膝关节、踝关节等的灵活性。缺少肌肉力量或肌电紊乱会导致运动范围受限制。正常的肌电包括肌肉收缩保持在一个背景水平，它让我们摆脱地球引力的力量来运动我们的身体。半身不遂的运动功能恢复的不同阶段的进展通常可以通过肌电的变化来观察到。在脑部受到损伤的初期，肌电通常非常弱，也就是肌力虚弱，所以在开始时没有肌体运动或只有很有限的运动。在接下来的阶段，肌电开始恢复，并呈现在高水平上。在这个发展阶段里，肌肉发生紧张痉挛，变得僵硬和收缩，使运动笨拙，无协调性，运动范围受限制。

协助的肌肉群组的运动在这一阶段导致不连贯的肢体运动，例如，当患者试图用半身不遂一侧的胳膊时，他会移动整个胳膊、躯干、肩膀，用一个推动力来补偿和代替受到屈肌痉挛限制的肘、腕和指的正常能力。在运动恢复的最后阶段，平缓的正常肌电可能再次显现，运动协调性得到恢复。

运动协调性这个术语用来表示复杂运动中的时间、空间和正确的肌肉力量良好的计划和程序控制能力。协调性良好的运动通常包含各种顺序、交替、同时或相继发生，单侧或双侧肢体运动相结合的运动模式。（Thaut，1999）

社会情感功能

脑中风患者不仅体验到严重的认知和身体上的问题，也面临着许多由于他们生理状况造成的严重的社会和情感结果。突然严重地丧失身体和智力能力的体验，能摧垮和破坏情感，并导致抑郁、无助感和焦虑状态。例如，由患者思维混乱、烦躁不安或暴怒混合成的情感反应可导致记忆力衰退，或因为视觉听觉损伤造成的感官不正确和扭曲。许多患者在脑中风后马上会经历一个情感易变的不稳定阶段，如情绪波荡、过度情感反应等。这种情感失控经常使患者和护理者都感到为难和受挫。

对于脑中风患者的社会关心的焦点集中在他们的生活状况发生的较大转变。患者由于不能重新获得独立生活的能力，所以需要长时间生活在医院环境中。即使患者能回到正常的生活环境，其日常生活仍会面临问题：他们在生活中的很多责任不得不交给他们的配偶或孩子，而且生活环境也不得不进行改造，以便适应患者的情况，例如房屋要适合轮椅通行。另外，在休闲娱乐方面，患者也会遭受严重的挫折感和丧失感：患者也许不再能够参与从前带给自己成就感的活动，而这些活动恰恰是他们与朋友和家人进行社会生活的重要部分。（Thaut，1999）

音乐治疗的应用

正如前面所述，脑中风在很多方面都会严重地影响到患者的生活方式、行为和功能水平。在康复的过程中，患者需要面对情绪、生理、社会以及认知等方面的问题，因此，医疗小组通常应该由包括医生、心理学家、社会工作者以及物理康复方面的语言治疗、职能治疗专家等多学科的专家组成。音乐治疗师也常常是这一医疗小组的成员，需要与这些领域的专家密切合作。音乐治疗师运用特别的方法来满足患者在康复过程中出现的认识、交流、生理和社会情感方面的需要。

（1）认知障碍的音乐治疗干预。在这一治疗领域的音乐治疗技术分为下面几类（Haut，1999）。

①感官刺激。当患者发生昏迷的时候，音乐常常被作为最大限度地提供感官刺激的方法使用，以引发昏迷患者的反应。这时的音乐常常是使用患者患病前所熟悉的歌曲或乐曲。

②现实定位。在恢复的最初阶段，脑部损伤的患者通常是思维混乱和焦躁不安的。音乐（特别是患者熟悉和喜爱的乐曲）常常用来使患者放松并且为他们提供无威胁的、舒适安全和熟悉的感官刺激来减少焦虑，帮助患者适应现实的环境。

③注意力训练。许多研究已证实背景音乐或用音乐表现非音乐信息能改善注意力范围，减少注意力分散，有助于个体在工作中集中精力（Jelison，1988）。

识别音乐中的节奏、旋律、和声和力度模式，对于有意识和无意识地集中和组织我们的注意力是非常有效的。甚至连从未受过音乐训练的听众也会立刻被吸引到他们喜欢的音乐中，立即辨认出并回忆起音乐的主题部分，如旋律或节奏片段。音乐的这些作用可以被用来训练脑损伤患者重新集中注意力的能力。例如，在音乐进行中，可以使用音乐的节奏、力度、旋律、和声结构来训练患者认识和辨别速度的、空间的或视觉的能力。

在音乐的训练过程中，患者需要识别节奏或旋律模式，或者记住在键盘或打击乐器上音符在空间上的顺序模式。这些训练中的体验是成功地重新获得集中注意力能力的重要的第一步，然后就要把这种能力泛化到非音乐的事情上去。通过把患者的注意力集中到歌曲形式中表现的重要的非音乐功能性信息上（如歌词），也可帮助患者控制注意力。在针对忽视的训练中，通过演奏两侧乐器，训练身体被忽视一侧的感知觉，或在音乐和运动训练中通过改变音乐声源的方向来练习视觉的扫描能力，这些都是有效地使用音乐的例子。因此在重新学习日常生活能力的过程中，可以一般性地把音乐当作背景刺激来使用，以便改善动机和注意力。然而，音乐中的各种因素和感知觉特性同样能以一种非常具体的和功能性的使用方式来训练注意力控制。（Haut，1999）

④记忆力训练。音乐对记忆力的训练同样非常有效。音乐作为一种有效地促进记忆的方法在各种研究的文献报告中已经被广泛地报告过（Gfeller，1983；Wallace 1994；Claussen，Thaut，1997）。节奏和旋律可以与语言内容紧密地结合起来，因此，节奏和旋律是对语言的信息进行组织、记忆并使之有序的一种极好的组织结构。例如，在一首歌曲中，回忆一个短小的旋律片段能诱发出对一大段词汇和句子的回忆。我们可能常常不能背诵一首古代诗词，但是如果你学会了一首为古诗词谱写的歌曲，每当你唱起这首歌曲时，这首古诗词就会自动地进入你的大脑，你就可

以毫不费力地记住它。例如苏轼的《水调歌头》，能背下来的人并不多，但是经过邓丽君和王菲所唱的《但愿人长久》这首歌曲的流传，许多人便对这首宋词耳熟能详了。这是因为一首歌曲中的旋律和节奏片段能帮助引发出的语言性信息的“组块”（chunk）效应。实际上，当创作或记忆音乐时，乐句组织模式可能是最重要的组织成分之一。“组块”是指把单个小块的信息组织成可以整体记忆的大块单位。为了更好地理解这个有效记忆储存的重要概念，想一下我们是如何记忆电话号码的。我们是把电话号码组成整体而不是8个单独的数字来记忆的。用音乐的乐句片段可以组成更好处理的记忆串，一个简单例子是《字母歌》。26个字母用音乐的乐句创造出4个容易记忆的“信息块”。因此，音乐治疗师有效地通过使用歌曲、曲调、节奏等来训练患者的记忆能力。例如，聆听歌曲或曲调可帮助患者记忆起重要的信息。回顾老歌和学习新歌可以帮助患者锻炼自己的长时记忆和短时记忆能力。

⑤感知觉训练。如果脑部损伤使听觉的接受能力受到破坏，音乐治疗师可以使用音乐素材协助听觉训练（Thompson，et al.，1990）。听觉感官灵敏度，也就是对于音高、音量、音色、单音时值或音响模式的识别，是可以通过音乐来进行训练，以达到改善一般性听力感官的记忆力和识别力，这对识别说话或外界环境音响是很重要的。因此，我们毫不感到奇怪，在目前被广泛应用于脑损伤患者的神经心理学的评估工具，《Halstad-Reitan测验》中，《西肖尔测验》（Seashore Test，著名的音乐能力测验工具）中的节奏部分仍然是其中重要的一部分。

（2）社会交流障碍的音乐治疗干预。音乐治疗师使用音乐素材和方法来协助失语症的康复治疗有两种形式。第一种治疗形式是旋律发音疗法（MIT）。MIT利用患者未受到损伤的能力来唱歌。这常见于失语症治疗，目的在于促进患者自发地和自主地说话。让患者把日常生活中常用的简单语言段落和句子配上旋律唱出来，以重新形成自然说话发音的模式。在治疗开始时，患者和治疗师一同歌唱，之后逐渐进步到患者能够用歌唱来回答简单问题的水平。接下来，患者从歌唱逐渐过渡到从旋律到节奏都与日常生活中的语言音调较为接近的“吟诵”（chant）方式。在最后一个步骤里，患者的发音声调返回到正常说话的音调。MIT对于听力理解良好，但语言表达受损（表达性失语症）的失语症患者的治疗最为成功。用神经学理论可以解释MIT的有效性。MIT的假设是：唱歌可以激发未受损伤的大脑右半球来替代大脑左半球受损的运动语言功能（Kandel，Schwarz，1985）。然而，一些有关脑部图像的最近研究发现，患者在完成MIT训练后，大脑左半球的正常语言领域被重新激发了（Belin，et al.，1996）。

另一种针对失语症，用音乐材料起到重要“刺激”作用的治疗形式是由Basso等人创造的，被称为“刺激法”。这个方法的依据是观察到的一个现象：尽管失语症患者不能有目的、有意识地使用语言进行交流，但有时会在受到某种刺激后自发地产生语言反应。为了理解这个现象，我们必须注意到我们在日常生活对话中几乎自动地使用许多语言短句。例如，人们会说出某些语言短句而自己却浑然不知，如“这个这个……”“然后最后……”等口头语，甚至在一些特定的愤怒场合，会不自主地说出一些不太文明的词句或脏话，如“他妈的……”等。如果有人唱出《生日歌》的前半句“祝你生日……”我们会不假思索地唱出“快乐”。

“刺激法”正是利用人们对音乐材料的记忆非常容易被唤起

的特点，通过音乐“填空”的方式来引发患者的自动化的歌词反应，然后逐渐地引导患者由无意识的自发语言反应转化为有意识的和自主的正常语言表达。

因为对于失用症的理解要比失语症少，用在失用症上的音乐治疗方法也比失语症少。有些临床医生发现，对失用症患者采取旋律发音治疗（MIT）和刺激方法技术是很有用的。另外一种治疗方法是在开始发音说话前练习发声和不可发声的口部器官和肌肉的位置（唇、颏、舌等）。音乐治疗师通过结合使用吹奏乐器和元音辅音的发音练习来加强巩固口部运动、位置和发声。

对于发音困难的患者，音乐治疗师可以通过在上肢、脖子、肩膀和头部等部位应用放松训练来加强康复的效果。音乐治疗对发音困难的康复的一个重要贡献是使用控制说话速度与节奏的训练方法——让发音困难的患者有意识地放慢他们说话的速度。这看起来似乎是违反常识的，因为发音困难者的说话已经非常缓慢了。然而，放慢节奏对发音清晰性、韵律模式和肌肉呼吸控制都会有益。而且，呼吸训练对于发音困难的患者也很有益。掌握好的呼吸支持和有规律的语句发音对发音困难患者是很有帮助的。最后，适当的速度、发音、旋律和节奏性语言音调的歌唱和吟诵还会改善发音困难患者语言的可理解性。（Haut，1999）

总之，在音乐治疗中语言发音康复的应用包括下面几项技术：①旋律发音治疗；②主题语言刺激；③节奏性语言提示；④音调发声治疗；⑤治疗性演唱；⑥嘴部运动练习。

（3）生理障碍的音乐治疗干预。音乐治疗师在进行身体康复时把运动和音乐结合起来，为患者提供了具有动机性、目标性、组织结构性和有利于身体功能的治疗性练习和活动。

用来帮助患者达到其目标的两个基本概念是：跟随音乐运动和通过音乐运动。在跟随音乐运动这种方法中，音乐被用来提供节奏、速度、重音和肌肉运动的信号。良好的协调性运动的一个很重要的方面是掌握正确的时值。我们身体上的肌肉必须按照一个接一个的正确时值来运动。甚至连我们认为很简单的运动，例如从桌上拿起一杯茶送到嘴边，恰当地倒入嘴里，然后喝到茶水，也需要数目繁多的复杂肌肉控制。因此，身体康复进程与功能性运动能力的修复有很大关系。音乐治疗师可以通过使用音乐和运动技术来非常有效地提高这些疗效。在身体练习中，把音乐作为促进生理恢复的刺激物主要基于三个身体生理机制。

①模式化的感官刺激（patterned sensory stimulation）。音乐是由节奏模式组成的，因为节奏重音和乐句以相同的次序和可预期的均衡时值关系有规律地出现，所以节奏重音和乐句具有可预期性的时值指示。学习跟随一个节奏不仅有助于运动与敲击节奏时值同步化，而且有助于个体用良好的组织方式、复杂运动模式的较长顺序来计划、规划和实施。例如，够到——抓住——拿起一个茶杯。

②节奏同步（rhythmic entrainment）。音乐经由听觉感官察觉到。听觉是最早和最有效的理解时间过程的感官。例如，当我们试图跟着声音或者闪光灯的节奏模式击掌时，我们的节奏准确性总会是在跟随声音时表现得更好。运动系统对于来自听觉系统的时间信息非常敏感。听觉系统的时值信号甚至在低于可察觉限度的水平也能够非常快和准确地进入运动反应（Thaut，et al.，1998）。当运动频率和模仿顺序变成固定听觉的节奏刺激顺序和模式时，就会产生节奏的进入，例如音乐中的节拍的敲击或拍子和节奏模式。最近的观察研究显示：当一个人与一种节奏敲击

同时运动时，其大脑基本的同步策略并不是运动反应与节奏的拍子同步，而是运动的间隔时间与拍子的间隔时间同步（Thaut, et al., 1998）。这就是说，在治疗性的节奏同步训练的临床使用中，听觉的节奏是在整个运动的过程中，而不是仅仅在一个运动终点来增强大脑对运动反应的计划和实施，以及时间的稳定感的。例如，当我们用胳膊配合着一种节奏的拍子从桌面上的某一点移动到另一点时，大脑是通过测量胳膊从一点到另一点的运动时间与两个拍子的间隔时间并使二者同步来完成这个动作的。因此，在用听觉节奏来引导运动节奏的过程中，不仅仅是使运动与节奏的拍子吻合（例如用手指在桌面上敲击），也是对整个运动给出时间稳定的指示（例如胳膊在空间中运动划过的路线）。这项发现也有助于理解在治疗中为什么听觉节奏可改善整个运动模式中的速度、空间和力度等各方面，而不仅仅是让一个运动的过程的终点与拍子相吻合。

③促进听觉脊髓神经系统（audiospinal facilitation）。声音可以激活中枢神经系统运动中枢。首先，听觉系统中的神经细胞必须活动起来，才能接收到一个声音。听觉神经的兴奋模式通过脑干中的网状神经组织结构传递，到达并激活脊髓中的运动系统神经细胞，为运动产生兴奋力和做好准备。因此，声音可以引起大脑中运动中枢的兴奋，并通过脊髓引起外周肌肉的反应。声音引发运动反应的最具有戏剧性的现象就是惊跳反应。然而，只有当声音水平低于惊跳反应的强度水平并且按节奏模式组织时，听觉才会有效地促进功能运动系统工作。肌肉会变得与节奏同步活动，实现肌肉动作的预期过程和正确的运动时间控制。（Rossigno & Melvill-Jones, 1976）

通过音乐进行运动是指通过演奏乐器来锻炼身体各部位（如

手指、手、胳膊、肩膀、腿和口部）运动肌肉的功能。通过选择正确合适的乐器，患者受损的特定身体运动功能（例如独立运动手指的能力）可以得到锻炼。因为患者在练习时创造出音乐的形式，上面提到的三种随着音乐运动的机制同样可以应用。然而，在使用乐器的时候有另外三个机制：

①听觉反馈和有目的的运动（auditory feedback and purposeful movement）。当患者使用乐器进行治疗性的运动时，如果他们正确地进行演奏，就会产生在整个音乐模式中的音乐音调或节奏，他们会立刻得到反馈。这个反馈过程会立刻让患者知道自己努力的结果，从而得到奖励，进而能巩固和加强有目标性的运动表演的动机水平。（Haut，1999）

②唤醒情感或动机（affective/motivational arousal）。如果选择了适当的乐器、并在演奏中伴随着较高水平的治疗性音乐体验，许多患者会喜爱演奏乐器。因此，演奏乐器能成为一种刺激和维持患者身体康复计划的动机水平的重要方式。（Haut，1999）

③运动记忆（motor memory）。患者用乐器练习时产生的节奏和旋律模式同样会帮助患者产生这些模式的肌肉运动记忆。因此，我们再一次发现，音乐是一个记忆仪器，能够促进运动记忆。有个例子说，钢琴家不必记住每一个单独的音［实际上这会妨碍他（她）的表演］，而是顺次在几秒钟里演奏许多个音。受人敬佩的熟练钢琴演奏者所谓的“手指记忆音乐”就是指我们神经系统特殊记忆类型产生的旋律和节奏模式帮助手指和手运动的过程。我们神经系统有运动记忆或记忆运动顺序的能力。在一个更基本的水平上，相同的记忆过程能帮助一个患者表演和记忆更有效、更长久和更复杂的运动。例如，结合不同的手指运动，或

者用同样的方法使用手和胳膊。

音乐治疗师在临床实践中利用以上治疗机制，合理地科学地发展正确有效的治疗技术。音乐治疗师提供节奏刺激来改善患者的行走方式或者伴随着适当的音乐进行躯体的治疗训练（例如，转肩膀、活动胳膊和手等）。特别是音乐治疗师可以用乐器来进行功能性运动，例如，演奏键盘乐器有利于手指灵巧性，演奏打击乐器可以训练“眼—手”协调性，帮助身体两侧的手和胳膊协调，扩大肘、肩或腕的运动范围，或者增加肌肉力量。分析患者的身体力量和虚弱程度，并由此按照患者的身体能力所需的适当姿势和运动来匹配乐器是很重要的（Haut，1999）。这些应用可被系统地归为以下三类治疗方法。

①节奏听觉刺激（rhythmic auditory stimulation，RAS）。RAS是一种专门用来促进人本身固有的生物节奏的运动功能恢复技术。这种节奏性运动中最重要的特点是步伐，例如，用于脑中风患者和脑外伤患者的步伐训练（Hurt et al.，1998）。

②感官模式的增强（patterned sensory enhancement，PSE）。PSE利用音乐的节奏、旋律、和声和力度因素，为功能性训练和日常生活的运动提供速度、空间和力量指示。感官模式增强比节奏、听觉刺激应用得更为广泛，这是因为：

a. 可以被应用于没有节奏性的运动中（例如，多种胳膊和手的运动，类似穿衣和站坐交替这样的功能性运动顺序）。

b. 利用音乐模式把单个的、不连续的运动（例如，在伸和抓握时胳膊和手的运动）整合为有顺序的功能性运动，并且在训练中为练习提供速度、空间和力度的指示（Thaut et al.，1990）。

③治疗性的器乐演奏（therapeutic instrumental music playing，TIMP）。TIMP是利用乐器演奏来训练和刺激功能性运动的模式。选择适当的乐器和表演模式可以有目的和治疗性地训练粗大运动和精细运动。这个训练强调运动的范围、耐受力、力量，功能性手部运动和手指的灵巧性，四肢的协调一致性等。（Elliot，1982；Clark & Chadwick，1980）

（4）社会情感障碍的音乐治疗干预。正如我们前面所讨论过的，脑部损伤对社交和情感造成的后果非常严重，并且在康复过程中需要特别注意。音乐治疗师可通过以下三种方法来满足脑部损伤患者社交和情感方面的需要。

①患者由于受伤而体验到生命质量的变化，因此需要减少他们的焦虑感和抑郁感。愉悦和具有奖励性的音乐体验可以帮助他们更快地放松，缓解焦虑，并提供积极的情绪体验。

②音乐体验可以用来帮助患者应对新的、必须要习惯的生活方式。患者应该找到新的、补偿性的生活方式，而不应屈从于生理功能的缺陷。如果患者总是处于否认、拒绝或绝望阶段，那么他们就永远不能应对新的生活，找到新的生活方式。换句话说，患者必须面对新的生活方式，接受残疾的现实，并且发展新的适应方式。在这个过程中，患者可以通过心理咨询或与其他能够给予支持的人员交谈来发泄悲伤、痛苦和绝望的情感和思想。音乐治疗师在治疗过程中通过使用音乐体验，可以有效地促进和鼓励患者体验和表达这样的感情和思想，并且引发患者对生活的希望和活力。

③音乐体验可以用来满足患者对于社会交往和支持的需求。让患者成为支持性的集体中的一员，对支持康复治疗来说很重

要。另外，包括由患者在内的家庭成员所组成的家庭支持集体也可以提供重要的帮助。音乐治疗师可通过娱乐性和情感积极向上的音乐集体活动帮助患者体验社会交往互动。（Haut，1999）

老年痴呆症及阿尔茨海默病

老年痴呆症的主要特点是多重认知障碍。造成老年痴呆症的原因有很多，包括阿尔茨海默病、药物滥用、帕金森综合征（PD）或心血管疾病等各种原因。虽致病原因不同，但是临床症状相似。老年痴呆症的发病可能是缓慢的，也可能是突然的。其症状包括丧失短时记忆和长时记忆能力，不能学习新的信息，遗忘过去已经习得的信息，丧失书写和言语在内的语言功能，丧失精细肌肉和粗大肌肉的控制能力，不能辨认熟悉的人和物，丧失生活自理能力以及社会能力等。老年痴呆症使老年人非正常地过早丧失自理生活能力，给患者及其家属都带来极大的生活负担和痛苦。在75岁之后，年龄每增加5岁，老年痴呆症的发病率增加一倍（Papalia，et al.，1996）。

1. **阿尔茨海默病** 阿尔茨海默病引起的老年痴呆症被认为是在中老年患者中最为严重的疾病之一，在所有造成中老年人死亡的疾病中占第四位。它在65岁以上的老年人中是最常见的对认知功能造成严重破坏的疾病，也被认为是造成老年痴呆症的最常见的原因。在1907年Alois Alzheimer第一次发现该病的时候，它还被认为是一种罕见的疾病，但是目前该病已经被认为是造成老年痴呆症的最常见的原因。根据流行病学调查，它在65岁以上的老年人口中的发病率为2%~20%，而在85岁以上的老年人口中发病率为13%~50%（Papalia et al.，1996）。

由于阿尔茨海默病患者的大脑结构出现改变，造成了认知功能的渐进恶化。其早期症状包括判断能力衰退、个人卫生能力衰退、怪异的思维模式、人格改变、时间和空间的定位混乱、焦虑、抑郁，以及其他功能的广泛性恶化。病程的最后阶段，以不能辨别自己的亲人和失去语言能力为特征。阿尔茨海默病通常是不可逆转的和致命的，患者平均在发病的第4~8年死亡（McNeil，1995）。

2. **血管型痴呆症（vascular dementia）** 该病也被称为多发性脑梗死痴呆症，起因于脑部血管狭窄，在脑部的细小区域发生的一系列微小脑血管出血。该区域的脑细胞受到出血的影响，但是如果该区域不是被完全阻塞，脑细胞并没有完全死亡。该类型的痴呆症的主要症状包括运动协调能力、语言和记忆力等功能受损。

3. **帕金森综合征和亨廷顿病（舞蹈病）** 我们在本章这一段里把帕金森综合征和亨廷顿病（Huntington's Disease）放在一起讨论，因为它们都是基底神经节的疾病。基底神经节是处于脑皮层下的组织，主要功能是正常的认知和运动。此外，这两种疾病都表现为严重的运动能力混乱。由于基底神经节中的神经系统功能的损坏，这两种疾病在病因、病程，以及症状的性质上都有很多共同特点。

（1）帕金森综合征（PD）是一种神经性疾病，在老年人中发病率较高。报告指出，60岁以下个体的发病率为1/1000，70岁以上的是5/1000，85岁以上的是20/1000。许多流行病研究报告指出，该病发病的中位年龄是60岁末期。然而，此病已经出现在低于50岁的人身上。PD的发病率各地区间基本相同，实际上也几乎

没有性别差异。其可能的致病原因线索非常少。（Haut，1999）

（2）亨廷顿病（HD）是一种先天的神经遗传性疾病，与其他遗传性神经系统疾病比较，其发病率相当低（一万个人中有一个人患此病）。HD的发病年龄通常在40~50岁。可在任何年龄发病，但很小或很老的年龄发病相对少见。（Haut，1999）

在PD中，区分先天性的形式和其他形式的不同是很重要的。其他形式的疾病通常被称为帕金森病，或帕金森综合征。所有的PD都有四个特征：①身体特定部位的颤抖；②肌肉僵硬；③运动缓慢或运动功能减退；④姿态不稳定。

与同时发生的其他疾病或脑功能退化无关联的PD被称为先天性PD，它至今为止是PD最常见的形式。PD的其他形式是由于药物、脑炎后遗症、脑损伤（例如拳击手）、阿尔茨海默病或各种形式的脑萎缩（也就是脑部损坏或退化）导致的。

PD首先出现的症状是一只手颤抖，然后扩展到另一只手甚至身体的其他部位。颤抖的频率多为每秒钟5次。肢体通常表现出僵硬。当外力推动其肢体时，患者显示出抗拒。运动缺乏是PD的另一个最为显著的症状。行走以及胳膊的运动非常缓慢，这种运动的缓慢特点被称为“运动徐缓”（bradykinesia）。它有可能发展到完全的运动缺乏状态，被称为“冻结”或“运动不能”（akinesia）。连续不同的运动，如在行走的时候转方向，会引发一段时间的冻结。他们在静止姿势的时候会出现姿态不稳，关节运动僵硬，正位反射差等症状。所有这些症状都使患者在行走的时候伴有摔倒的危险。另外，患者的语言功能也受到影响。常常出现的症状就是构音障碍，即患者的语言显示出发音咬字含糊不清的特点。在PD的晚期，认知功能缺陷以及老年痴呆症的症状特

点也会在原来的症状基础上出现。（Haut，1999）

HD病主要由基因缺陷遗传的先天性神经系统退化疾病造成。由母亲或父亲把有缺陷的基因遗传给孩子。因此，几乎所有的HD患者都有一个较长的家族病史。HD最主要的症状就是被称为"舞蹈病"的特点，特别是以在臂、腿及脸部出现的无法控制的、无规律的肌肉运动为症状的神经系统紊乱。这种症状会严重影响患者的日常生活。但是，这种最明显的症状并不是该病最具危害性的症状。一些功能保持较好的患者可能表现出很严重的舞蹈病症状，而与此相反，一些HD晚期的患者却并不显示出很严重的舞蹈病症状。HD会广泛影响人的自主运动的控制能力，并且随着病程发展逐渐恶化。患者的说话和吞咽功能也常常受到影响。抑郁和认知功能的恶化会最终导致老年痴呆症。感知觉缺陷，注意力不能集中，记忆能力减退，运动水平降低，情绪不稳定等都是HD病程中出现的典型症状。

音乐治疗在老年性疾病治疗中的应用

随着年龄的增长，人的精神和生理功能逐渐地衰退，一些典型的老年性疾病的发病率显著增高，这些疾病可以从轻微的症状（如听觉功能和视觉功能的衰退）到非常严重的症状（失语、失禁、麻痹、内脏功能衰竭、精神错乱等）。常见的老年性疾病有心血管疾病、糖尿病、癌症、老年痴呆症、循环系统疾病。其中，动脉粥样硬化是最为常见的，由于该病引起血液供应障碍，从而引发身体各种功能的衰退，甚至精神错乱。

由于各种生理功能的衰退，老年人不仅承受着各种生理上的困难和痛苦，还经受着巨大的精神痛苦。他们从原来的社会职能中退下来，不再是家庭的支柱，不再为社会甚至家人所需要，越来越多地失去独立能力，在生活上依靠他人使他们的自我、自尊心和自我评价受到严重的损害。由于生理功能上的变化，他们也逐渐失去了社会联系，而必要的社会信息和社会交流是保持一个人精神正常的首要条件。另外，子女的离开，同龄亲友的相继去世，都会给他们带来心理打击，使他们感到来日无多。以上诸多原因常常引发他们内心强烈的抑郁和孤独感。

音乐治疗师通过包括聆听、演唱、演奏、创作、音乐运动、舞蹈等各种音乐活动来促进和保持老年患者的各种肌肉和关节的生理功能，提供丰富的听觉、视觉甚至触觉和动觉的感官信息刺激，以提高和保持他们的精神功能水平。音乐活动还可以抑制由于各种疾病引起的疼痛，降低紧张焦虑和孤独感，在音乐的娱乐中改善老年患者的生活质量和精神生活。演唱歌曲可以提高和保持患者的语言功能和记忆力。集体的音乐活动可以为患者提供重要的社会活动和人际交流的机会，以减少和消除他们的孤独感，提供社会信息和刺激以保持患者的精神功能水平。音乐活动还给老年患者提供了自我表现和获得成功感的机会，有利于保持和提高他们的自我评价。（Davis，1999）

在美国及其他发达国家，音乐治疗被视为老年病治疗中一个不可缺少的部分。美国国会甚至通过了一项法律，规定所有“护理之家”（nursing home，在美国的一种最常见的老年机构，其功能是治疗与养老）必须配备专业的音乐治疗师。音乐治疗通过为老年患者提供感官刺激，改善他们的生活质量，防止、延缓生理和精神功能的持续减退。另外，音乐可以改善医院单调枯燥的生活环境，减少老年人的压迫感和紧张感，促进他们的人际交流，减少孤独感。下面是音乐治疗师在老年病房或医院常见的治疗目标：

1. 增强上肢和下肢的力量、灵活性和运动范围（Cotter，1959；Olson，1984；Weideman，1986）。
2. 促进社会交流（Bright，1972；Clair，1996；Johnson，1990；Lipe，1991；Lorde，Bardner，1993；Pollock，Namazi，1992；Roskam，1993；Wylie，1990）。
3. 刺激长时记忆（Johnson，1990；Wylie，1990）。
4. 增强短时记忆，以及其他认知功能（如减少头脑混乱、增强保持信息的能力）。
5. 增强现实定向能力（Bunmanis，Yoder，1987；Smith-Marchese，1994；Reigler，1980）。
6. 促进放松，缓解紧张（Bright，1972；Clair，1996；Johnson，1990；McClosky，1985）。
7. 增强语言能力（Cotter，1959；Johnson，1990）。
8. 增强个人卫生能力（Kurz，1960 ）。
9. 增强感官训练（Wolfe，1983）。
10. 提高交流能力（Redinbaugh，1988）。
11. 减少变态行为（Bright，1972；Byrne，1982；Johnson，1990；Gibbons，1984，1988）。
12. 增强记忆力（Bright，1972；Byren，1982；Johnson，1990；Olson，1984；Wylie，1990；Davis，Gfeller，Thaut，1999）。

下面是在老年患者群的治疗中比较有效的音乐治疗方法，这些方法适用于各种功能水平的患者。但前面的方法通常更适于障碍程度较轻或中度的患者，后面的方法更适于在生理和认知方面的障碍更严重的患者。

再激发

再激发（remotivation）是一种刺激思维和语言反应，以及增强社会能力的方法。具有语言能力和对自己周围环境有良好感知，但是对自己周围的事物缺乏兴趣的患者适用这种方法。再激发的方法在小规模的团体治疗中使用较短小和结构严密的活动时最为有效。活动应该选择较为客观和无争议的主题，通常选用与患者的过去和现在的情景有关的话题。例如治疗师引导患者讨论有关目前发生的事件、美术或音乐等。可以使用一些诸如照片、剪报、衣物或音乐作为激发讨论的工具。（Davis，Gfeller，Thaut，1999）

音乐是有效的再激发工具（Bright，1972；Gibbons，1988）。它可以提供动机、营造情绪或引入一个特定的主题。比如，如果主题是有关抗日战争的，那么抗战时期的歌曲就可以被用来营造气氛，引发记忆，并激发讨论。

现实定位

老年痴呆症的一个重要的症状就是现实定位（reality orientation）出现混乱，例如不记得今天为何年何月何日，自己住在什么地方，熟悉的亲友的名字等，但仍然对自己周围的环境具有较好的意识。现实定位方法的目的就在于通过为患者反复和持续地提供正确的有关现实世界的信息，来减少住院所带来的消极影响，增强患者的自我意识和独立性。

现实定位的方法常常会使用钟表、日历，在黑板上写下包括年、月、日、星期、天气以及节日等信息，来帮助患者记忆有关自己或环境的重要信息。与再激发的方法一样，现实定位的方法通常在团体治疗中较为有效。这一方法对于由脑中风、脑部创伤、心血管疾病引起的老年痴呆症所造成的暂时性或周期性认知混乱的患者最为有效（Davis，Gfeller，Thaut，1999）。但是现实定位的方法对于那些不可逆的大脑功能障碍（例如阿尔茨海默病）的患者，效果就不太好。

音乐治疗作为现实定位方法的一种，可以起到有效的刺激作用，以鼓励患者参与治疗活动。Reigler（1980）对比了使用音乐的现实定位治疗与不使用音乐的治疗的效果，在8周的治疗之后，使用音乐组的老年患者的认知功能明显提高，能够回忆起人名、星期和居住地的名称等。一些研究注意到，达到基本的治疗目标通常需要6个月左右的治疗时间。

往事回忆

往事回忆（reminiscence）的方法是指路有计划地回顾过去的生活事件和经历（Butler，1963；Wylie，1990）。这种方法对于患有现实定位障碍和记忆力障碍的患者来说是一种非常重要的治疗工具。该方法在个体治疗和团体治疗中同样有效。回忆往事曾一度被认为是一种对患者的心理健康有危险的做法，但是现在人们普遍认为，回忆往事可以有效地帮助老年患者理解自己的人生。Butler（1963）认为，回忆往事是一种正常的、普遍出现的现象，可以帮助老年患者适应老年阶段的生活，特别是对解决悲伤和紧张的问题颇为有效。

结构化的往事回忆方法可以用来促进患者的社会化、增强其人际反应能力和自我评价（Butler，1963 ）。特别是当与有过相同的生活经历或生活在同时代的患者一起回忆和分享过去的生活事件的经历时，会取得令人满意的效果。通过回忆自己过去的成就和活动，患者可以得到认识自己生活的意义和价值的机会。

在回忆往事的过程中，使用老照片、服装、电影、杂志以及历史物品可以促进回忆。音乐也可以成为促进回忆的有力工具。例如音乐可以在讨论学校生活、过去的工作、婚礼等重要的人生事件时充当重要的角色。音乐也可以在讨论中成为主题。通过使用特定风格或时代的音乐，治疗师可以引导患者讨论这些音乐对自己的生活产生了怎样的影响。音乐可以引导人们回忆历史事件，例如抗日战争的歌曲可以引发人们对抗战时期生活经历的回忆。

感觉训练

感觉训练（sensory training）是一种针对患有严重功能障碍的老年患者的音乐治疗干预方法。这种方法使用简单的、有结构的活动来刺激患者的视觉、听觉、触觉，有时候甚至刺激嗅觉和味觉。感觉训练的主要目的是通过提供各种活动来增进患者的社会、生理和心理功能，从而帮助患者重建与环境的联系。虽然感觉训练的方法适用于任何功能水平的老年患者，但是最常用于那些严重衰退的无反应、无语言、严重退缩和失去与周围环境的联系的老年患者的治疗。（Davis，Gfeller，Thant，1999）

感觉训练可以分为两个层次。第一个层次针对最低功能水平的老年患者。这些患者可能仅仅具有非常短的注意力持续能力，其粗大肌肉和精细肌肉的运动功能严重不足。虽然他们的人际交流能力非常有限，但是仍然有必要从他们身上得到一些简单的语言或非语言的反应。治疗的目标在于增强他们对自我身体的意识，粗大肌肉和精细肌肉的运动能力，以及社会反应能力。（Davis，Gfeller，Thaut，1999）

有效的音乐治疗感觉训练在这一层次上必须是具体的、结构化的、简单的。音乐治疗师常常使用被动的活动方式，例如聆听音乐，或参与一些由治疗师带动患者的胳膊或腿来进行简单活动的被动的运动，以便增强患者的功能。活动应该是短时间的，治疗师应该使用简明的指导语，如“举起双手，然后放下”等。在这一层次，语言的反应不是必需的。另外，这种方法对于伴有视觉障碍和听觉障碍的老年患者也是有好处的。（Davis，Gfeller，Thaut，1999）

第二个层次是针对功能水平相对较高的老年患者。在这个层次上，感觉训练被用来进一步增强患者的身体意识，注意力持续的能力，记忆力，以及运动能力。第二层次要求患者具有更多的社会互动能力，治疗师鼓励患者在活动中担任起更积极的角色。尽管如此，音乐治疗师仍然应该注意使用简单、高度结构化的和让患者感到可预见的活动。（Davis，Gfeller，Thaut，1999）

帕金森综合征和亨廷顿病的音乐治疗

音乐是音乐治疗师促进PD患者运动的非常有效的工具。许多研究已经证实，PD患者能够使自己的步伐与音乐的节奏同步，从而改善他们的行走模式，获得更好的姿态，更正确的步伐，更合适的速度和长度，以及更有效和平衡的腿部肌肉活动模式。由于过于短促或拖曳的步伐会导致危险或意外，因而应使用可以引导较慢的、安全的步伐模式的节奏。

另外，节奏能有效地引导较为高级的步伐练习，例如转圈、在倾斜的地面上行走、停止和开始、上楼梯等。听觉节奏同样可以有效地引导胳膊和手的功能性运动。在音乐活动期间，胳膊和手的抖动有时能减少，不过，音乐演奏对于减少抖动的影响不会长久。节奏引导对于发音困难的PD患者控制说话的语速和增加可理解性有显著效果。观察研究已显示，PD患者能够从听觉性节奏中获益，从而改善在行走中的运动缓慢问题。因此，音乐治疗可以在维持功能性运动能力方面扮演一个有益的角色。然而，选择适当的音乐素材对于治疗的成功而言至关重要。观察研究已经显示，PD患者在试图统一他们的运动，特别是在病症较严重阶段，他们对于节拍器节奏比音乐节奏引导的反应更好。这有可能是因为PD患者中普遍出现的认知能力的衰退和感官察觉的干扰，特别是在此症的恶化阶段。（Davis，1999）

临终关怀

当患有癌症、艾滋病等不治之症的患者面临即将来临的死亡时，他们通常要经过五个心理阶段：①否认和自我封闭；②愤怒；③讨价还价；④抑郁；⑤接受死亡。恐怖、疼痛和无助的感受始终伴随着整个走向死亡的过程。这些患者和其家属通常需要情感的支持和寻找情绪表达的有效途径。临终关怀的目的，一般集中在保持和提高患者的生活质量直到生命的最后一刻，以及帮助患者的家属适应和接受亲人的去世。

音乐治疗师通过各种音乐活动来满足患者的生理、心理、情感、社会和精神需要。聆听喜爱的音乐，进行音乐放松训练和音乐想象，都可以帮助患者放松、缓解疼痛，提高生理和心理的舒适感。唱歌、演奏乐器、观看表演，都有助于患者把注意力从对于疼痛和死亡的恐怖焦虑中转移出来。1983年在美国一所医院进行的对癌症患者的研究表明，观看现场的音乐表演在降低紧张和焦虑，增加精神活力方面的作用明显好于聆听相同的音乐作品的磁带。聆听和演唱对于患者人生各个阶段具有意义的歌曲，并引发语言方面的讨论，可以帮助患者宣泄自己的情感，回顾自己的人生，总结一生的价值和意义，从而勇敢冷静地面对死亡。在集体治疗的环境下，患者可以通过音乐活动来增加社会交往能力。成员之间相互分担精神痛苦，相互支持，对于减轻恐怖、焦虑和痛苦具有良好的作用。另外，很多患者的内心深处常常怀有很多情感、痛苦、秘密，一些内心的话不能对包括家人在内的任何人诉说。在治疗过程中，音乐治疗师与患者建立起了亲密和信任的关系，因此治疗师往往成了患者唯一可以倾诉内心秘密的人，从而帮助患者无遗憾地走完自己人生的最后路程。

第八章 音乐治疗在综合医院中的应用

人们在医疗环境中使用音乐已经有几个世纪之久了。古代，牧师和巫医用圣歌和节奏挡住恶魔，避免疾病和痛苦。音乐被认为具有超自然的力量，可以直接治病或者通过音乐祈求健康。

现代社会，音乐仍用于治疗，但治疗机制不同了。当代将音乐用于对急慢性疾病的治疗，都以经过研究得出的科学原则为基础。作为医疗小组的一员，音乐治疗师帮助患者减轻疾病、创伤或其他症状造成的负面影响。

在不同的医疗环境中，音乐治疗师服务于不同的患者群。在综合医院，治疗师主要帮助那些接受外科手术和化学治疗的人，分娩的妇女，烧伤者和急、慢性患者减轻疼痛及其他生理和心理上的不适。在门诊部，音乐治疗师会帮助患者应对慢性疼痛和单调而不舒服的康复训练。在临终护理机构，音乐治疗为临终患者提供心理支持和安宁服务。尽管患者的需要不同，但总的可以分为两类：生理需要和心理社会需要。（Davis，Gfeller，Thaut，1999）

生理需要

医疗环境中的患者的生理需要要看他们的具体情况。音乐治疗一般主要集中在两个焦点：①镇痛和提高治疗过程中的疼痛耐受力；②改善肌肉功能。

镇痛和提高治疗过程中的疼痛耐受力

疼痛是一种复杂现象（Sarafino，1997）。它可以是急剧而短暂的，也可以是慢性而持续的，还可以是突然发作或逐渐发作的。痛感区可能跟真正的病灶相距很远，且痛感有多种（刺痛、钝痛、跳痛、灼痛等）。疼痛的发生可能是由于组织受伤并伤及神经末梢，但又不能简单地解释为生理原因。情绪和认知因素明显影响人们对疼痛的感知程度。焦虑、紧张、恐怖和失控感都会伴随和加剧疼痛感。焦虑和紧张在多方面影响人们对疼痛的感知。这些负性情绪会导致肌肉张力的增加，肌张力的增加又会给已经敏感的神经末梢增加压力（Jacox，1977）。紧张会妨碍正常的放松的呼吸模式，造成肌肉组织缺氧。这同样会增加不适感。此外，焦虑和恐怖会提高人们对疼痛的注意力，从而增加疼痛感受程度。

对于疼痛的感受可以用“疼痛控制门理论”解释。根据这一理论，身体实际的损伤发生在遍布全身的神经末梢，而由中枢神经系统感知解释这一刺激。神经的“门”可以在不同程度上打开和关闭，在疼痛信号到达大脑之前对它们进行调整。（Sarafino，1997）

如果在疼痛信号进入脊髓时，门是敞开的，那么传送细胞就可以自由地传送疼痛冲动。但是如果这个门是关闭的，进入大脑的疼痛信号力度就要被调整。这个门的开与关的程度取决于：①有害刺激的数量（越疼，疼痛纤维越活跃）；②在其他外围神经纤维中的感觉的数量（比如视听信息这种具有竞争性的刺激）；③大脑信息的减少（焦虑或兴奋这样的大脑过程能完全或部分地对其他刺激的输入打开或关闭门）。

这一理论发展于20世纪60年代，在过去的几十年中得到了许多研究者的支持，进而发展为最有影响力也最重要的疼痛感知觉理论之一。它尤其显示了心理社会变量的重要性，也解释了疼痛的生理因素。（Sarafino，1997）

这一理论在日常生活中如何解释呢？当疼痛刺激发生时，中枢神经系统也正被其他刺激占着，如人们的说话声，房间里的味道，电视节目，街上的汽车喇叭声，而在一定时间里，中枢神经系统只能处理有限数量的信息，这些信息与痛觉刺激的信息竞争注意力。意识能力的有限性使我们对痛觉的感知减少到低于对其他内外刺激（争吵、音乐）的注意程度。换句话说，如果意识（注意力）能集中于一个强烈的积极的刺激而不是疼痛，个体对疼痛的感知就会被削弱。

卡洛是一个9岁的男孩，今天他不能够去上学，因为他的喉部受到链球菌的感染。他的喉部感到火一样的烧灼感，每次吞咽的时候都非常痛苦。他的前额在跳动，浑身的关节和肌肉都感到无力。他感到无法再忍受下去了。他的朋友乔治放学后来看望他，并告诉他今天学校发生的一些大事情。例如一些青蛙从笼子里跑出来、满教室地乱跳，女孩子们被吓得乱叫，老师穿着时髦的衣服和高跟鞋在教室里到处抓青蛙，一片大乱……

卡洛的妈妈过来看看儿子现在感觉怎么样了。她很惊奇地看到可怜的儿子脸上竟然充满了笑容，好像疼痛变得可以忍受了。乔治关于学校里的青蛙的故事作为转移注意力的一种更强烈和有趣的刺激物，在卡洛的中枢神经中成了争夺注意力之战的胜利者。（Davis，Gfeller，Thaut，1999）

许多基于疼痛控制门理论的疼痛控制方法已经被发展了，包括娱乐分心法（distraction）。研究者发现许多东西可以用作分心的积极刺激物，比如电视游戏，音乐录音或情景喜剧、电影和故事。在日常生活中，护士和护理员们发现，谈话、智力活动（猜谜）和娱乐形式（电视、音乐）很有帮助。在医疗环境中，有些形式的刺激比其他形式的更容易实现，音乐就是一种操作起来没什么成本和方便的刺激。

音乐治疗对疼痛控制的干预

为什么在医疗如此发达的今天，用音乐辅助控制疼痛仍有其价值？首先，因为精神和身体因素同样影响人们对痛觉的感知。这两个方面都很重要，需要共同加强。第二，有些病症不能通过手术治疗，止疼药不能长期提供缓解作用。比如一些癌症患者要承受巨大的痛苦，而药物只能起到一部分缓解作用（Sarafino，1997）。此外，有些患者反对大量使用麻醉剂带来的意识混乱和其他副作用。

临终护理机构中的患者保持神志清醒尤为重要。临终护理包括减少或消除这些生命有限的患者所体验到的疼痛及其他症状（Munro，1984）。临终护理的工作人员通常照顾那些生命行将终结的患者，这些患者并不希望用特殊的方法延长生命，而是希望在一个尽可能正常的环境中度过余下的时光，这个环境能给予他们身体和情感上的支持。为做好死前的准备，有些人要处理家庭的经济事务，有些人要接受面对死亡的感受。对于这些问题，保持神志清醒非常重要，因此他们不愿使用大量药物。

在一些情况下，减少手术中的麻醉剂用量非常重要，当标准剂量会抑制呼吸功能或导致神志不清时尤其如此。比如，避免门诊手术的术后麻醉药副作用问题非常重要。分娩是另一个需要慎重考虑麻醉剂量的领域，因为麻醉剂可能给孩子带来危险。

用人们的思想意志来减少疼痛感知的方法叫"认知疼痛控制法"（Sarafino，1997）。认知疼痛控制法并不是要取代传统的止痛药，而是在某些药物禁忌或需要减少麻醉量的情况下使用（Scartelli，1989）。

音乐可以通过以下方式与认知疼痛控制法结合减轻人们的疼痛感受：①作为集中或分散注意力的刺激物；②促进放松反应；③作为掩盖物；④作为信息载体；⑤作为积极的环境刺激。（Davis，Gfeller，Thant，1999）

音乐作为集中或分散注意力的刺激物

减少疼痛感知的一种方法是选择喜爱的音乐作为有竞争力的积极刺激物来减少对疼痛或治疗过程中的不适感的注意（比如门诊手术、胃镜或牙科手术）。这一方法就是基于疼痛控制门理论的。根据Clark及其同事的研究（1981），音乐能主动地引起患者的注意，治疗师指导和鼓励患者将注意力集中于音乐并跟随音乐，于是他在自己的疼痛控制中担任了更积极的角色。当音乐被用来分散和集中注意力时，音乐的选择必须抓住患者的兴趣和注意力。可以由患者自己直接挑选，或者至少是他们喜欢的音乐风格。（Davis，Gfeller，Thaut，1999）

杰妮是一位医院的音乐治疗师。她的工作之一是为准备生产的孕妇提供服务。她作为一名成员参加了拉马兹教师为产妇们提供的拉马兹课程，向产妇们解释为什么音乐可以帮助控制分娩过程的疼痛。杰妮向她们解释说：音乐可以作为一种转移注意力的刺激或注意点来缓解疼痛的强度。由于课堂中的每一位产妇都有自己对音乐的不同喜好，杰妮知道一种单一的音乐是不会对所有产妇都起作用的。如果想把音乐作为吸引注意力的事物，它必须能够吸引产妇们的兴趣。因此，很可能快节奏的音乐会比慢节奏和放松的音乐更为合适。

杰妮与这些未来的妈妈会面，要求她们填写问卷来了解什么类型的音乐是她们喜爱的，然后帮助每一位未来的妈妈选择自己喜爱的音乐，做成一盘磁带供分娩的时候使用。当每一位未来的妈妈都有了自己的分娩音乐磁带后，杰妮指导产妇们进行转移注意力和通过把注意力聚焦在音乐上的练习来控制分娩过程中的疼痛。（Davis，Gfeller，Thaut，1999）

用音乐减轻疼痛或缓解手术及治疗中的不适感的方法在许多医疗环境中都有研究报告，包括在牙科、分娩、慢性疼痛、儿科、减缓注射和其他治疗过程的紧张反应，以及外科手术中。尽管这种方法有效果，但研究显示，没有单一的一种疼痛控制法能适合于任何环境中的任何人。比如，注意力转移法适用于那些在疼痛发生时喜欢忽略或回避它的人。而有一种被疼痛研究人员称为“监视器”的患者，他们需要不断地了解到“发生了什么”和“为什么”，其焦虑才会减轻（Sarafino，1997）。对于这些人来说，注意力转移法作用较小。主动集中法的另一个限制是需要持续的注意力集中。如果患者体验到强烈的长时间的疼痛，最终会因疲劳降低效果。因此，在疼痛控制领域工作的治疗师必须掌握多种疼痛控制方法。（Sarafino，1997）

音乐作为放松反应的信号

肌肉放松是另一种减轻疼痛的方法。放松被视为是与紧张相反的一种反应。放松时，伴随着更深沉平缓的呼吸，患者体验到肌肉张力的减小。这就减少了肌肉对神经末梢的压力，恢复了对肌肉组织稳定的供氧。另外，放松可以减低焦虑和恐怖，相关的心理因素使疼痛和治疗显得不那么痛苦了。

音乐可以与放松技术结合。治疗师评估患者的音乐爱好，选择令他们感到愉快和促进放松的音乐并汇集到一起。比如，缓慢、节奏稳定的音乐有助于他们均匀深沉地呼吸。促发生动想象的音乐可以引导他们想像草地、云朵这些愉悦的画面。

放松技术的一个局限是为了取得好的效果，这一技术必须经过一定时间的学习和练习，因此，它不适于急性病症和一次性的治疗过程（比如拔牙）。不过，持续疼痛或反复治疗的患者可以运用，或者有充分的准备时间的患者也可以用（比如分娩）。患者可以学习将音乐放松与其他方法结合，比如渐进放松或引导想象。治疗师的作用不只是选择和提供音乐，还包括训练和指导患者进行放松。（Davis，Gfeller，Thaut，1999）

音乐作为放松信号能在各种治疗环境中使用，包括慢性疼痛控制、肌肉紧张患者的康复、分娩和外科手术（包括儿科手术）。

让我们回到杰妮为产妇提供的训练的例子。除了把音乐作为转移注意力或注意力的聚焦点的做法外，杰妮还向这些未来的妈妈解释了音乐作为一种放松技术的有效方法。如果以此为目的来使用音乐，杰妮会与产妇一起来确定究竟哪些音乐能够帮助产妇放松，能够引导产妇进行平稳的深呼吸，以及引发美好和放松的想象。因为没有一个疼痛控制技术可以适用于所有产妇或患者，杰妮采用两条腿走路的方法：为未来的妈妈提供作为注意力转移和聚焦点的音乐，同时另外提供作为放松的音乐。这些未来的妈妈可以根据自己的需要在分娩过程中进行选择。（Davis，Gfeller，Thaut，1999）

音乐作为掩盖物

在治疗过程中，很多因素会造成恐怖和焦虑。有些是外在因素，包括医疗器械发出的声音和其他患者疼痛的哭叫声。比如有人发现牙科钻头会引发焦虑。当钻头“呜呜”响时，患者的焦虑就急剧增加。在医院，器械的叮当声和患者的哭叫声能使人身心疲惫。通过耳机播放音乐可以掩盖这些令人不快的声音，从而转移一部分由这些外在因素造成的焦虑。

音乐作为信息载体

一种认知干预法认为，如果在医疗过程中不断提供患者体验到的疼痛的相关信息，能减轻疼痛引发的负面感受。比如，为了减轻患者对注射的焦虑感，护士或医生都会解释这一过程中的身体感觉（“你会感到一下刺痛，然后有压迫或胀痛感”）。对一个患者治疗前的准备，比如外科手术，可以辅以缓和恐怖，这也有助于术后康复。（Sarafino，1997）

音乐作为信息的载体在这一点上很有效。比如，在对住院前儿童的准备性治疗中可以包括一些歌曲，这些歌曲的歌词预先提供了关于手术和他们将在医院中见到的各种人（医生、护士）的信息。

杰妮在医院的职责之一就是帮助儿科病房的儿童为手术或其他会带来不适感的治疗做好心理准备。在她推到儿科病房的音乐治疗的小推车上除了乐器之外，还有很多穿着像医生和护士以及医院其他工作人员的木偶。克奥是一个四岁的小患者，被安排在第二天进行手术，在杰妮的计划单上安排今天接受音乐治疗。杰妮来到他的房间，用这些木偶开始了木偶剧的表演。首先出场的是主持手术的医生，然后介绍克奥手术中的基本程序。在介绍每一个木偶的时候，杰妮唱起了一首名为“医院的人是谁”的歌曲。杰妮为每一个医院工作人员的木偶都编排了一首特定的歌曲。虽然这一切看起来更像一个游戏，但是儿科专家发现这种游戏对儿童适应医院生活和治疗程序有很好的效果。（Davis，Gfeller，Thaut，1999）

音乐作为积极的环境刺激

对患者来说，医疗环境往往是陌生的。房间里充满了消毒药水的难闻气味，令人恐怖的大型器械，忙碌的医护人员没有时间对每个患者表示关切。尤其是对于孩子而言，与家和学校如此不同的环境会使他们产生恐怖和焦虑。此外，患者在治疗中往往是被动的，对他们自己的时间甚至身体都完全不能控制。这种控制感的缺乏是压力的另一个来源，并会加剧疼痛的感觉。

尽管这种失去控制的感觉在许多医疗环境中是不可避免的（比如手臂被用绷带捆扎着，或者身体虚弱到不能控制自己的活动），但是通过喜爱的音乐，患者可以重新建立一些控制感和对环境的熟悉感。此外，音乐作为审美媒介可以在其他一些单调、孤独或略显敌意的环境中为患者提供积极的感觉刺激。比如，Christenberry（1979）报道，烧伤患者出于抗感染的需要进行隔离治疗，往往缺乏感觉刺激，结果使患者转而形成不适当的自我刺激（比如幻觉）或者变得越来越不能忍受治疗过程。音乐可以在这种枯燥、孤独的环境中提供积极的感觉刺激形式。

音乐在医疗环境中起到的积极作用不仅能从心理因素的测量中体现出来，也能获得生理方面的改变。比如，Chapman（1975）和Caine（1991）发现，给早产婴儿放摇篮曲或其他适当的音乐刺激，他们的体重明显增加，并且比没有使用音乐刺激的婴儿更早出院。Cassidy和Standley（1995）发现，给新生儿监护室中出生体重过轻的婴儿使用摇篮曲，他们在血氧饱和度水平、心率、呼吸方面都有积极的变化。几项在医疗环境中使用和不使用音乐的对比研究显示，使用音乐可以降低血压或心率。Locsin（1981）以及Burt和Korn（1964）的研究发现，医疗过程中运用音乐刺激减少了麻醉剂的用量。

未来的疼痛控制

正如我们看到的，人们对疼痛的感知觉是复杂的，研究者们仍在积极地探索疼痛的功能和如何减轻疼痛。最近的研究显示，人体通过产生各种化学物质对疼痛和压力做出反应，其中有些物质是疼痛和压力的副产品。像内啡肽（endorphins），实际上是身体产生的帮助减轻不适感的化学物质。这些化学物质减轻疼痛的机制与吗啡这样的麻醉药相同。初步研究认为音乐刺激可以影响生化物质的产生，从而减轻人们的不适感。尽管还需要进一步研究证明这一说法，但它已显示了这一研究领域在未来的治疗干预中具有重要的应用前景。

促进肌肉功能

有时候，医疗环境中的治疗包括一段时期的身体治疗和康复。比如，脑中风后的人需要重新学习走路和控制四肢。这需要长时间枯燥和艰苦的练习。音乐能为康复提供一个理想的背景。首先，愉快的音乐能减少患者对治疗的单调、不适等负面因素的注意。第二，节奏鲜明强烈的音乐能提供一个稳定的听觉信号，帮助患者控制动作。患者跟随音乐节拍运动一个或多个肢体部位。

良好的肌肉功能不仅包括胳膊、腿的运动，还包括内脏，比如肺。适当的肺部扩充很重要，有助于减少充血和改善呼吸功能。演奏吹奏乐器和唱歌可以帮助卧床患者促进其肺部活动。这些活动还有助于慢性疾病的患者（比如哮喘患者）保持呼吸功能水平。（Gfeller，1999）

心理需要

急慢性病的医疗环境不仅影响人的身体，对人的情绪和社会功能也有影响。根据Schwankovsky和Guthrie（1985）的研究，有急性或慢性疾病的患者具有以下心理社会需要：

1. 适应疾病及其带来的生活局限。

2. 帮助家庭正视疾病。

3. 适应医院环境。

4. 学习和使用适当的应对机制。

5. 减少对疾病和治疗的恐怖、焦虑。

6. 保持环境尽可能正常化。

7. 继续接收新信息，保持社会性的发展。

8. 防止或克服疾病或治疗造成的发展迟滞。

9. 参加身体活动。

10. 正视与死亡相关的一系列问题。

这些需要有些是疾病本身的副产品，比如一个患呼吸疾病的患者很难适应这种失去活力的生活状况。有些需要是随着在住院生活里失去了独立、正常秩序和生活质量而产生的，比如一个住院接受眼部手术的人，不能阅读、开车和工作。这些限制会增加对他人的依赖性，包括经济上、交通上和日常生活方面。（Davis，Gfeller，Thaut，1999）

音乐治疗师可以帮助患者调整这些局限：①提供正常化的活动促进其社会、运动和认知发展；②通过音乐活动提供情绪支持，探索或鼓励他适当地表达与疾病有关的情感。

正常化

正常化就是将正常生活中的物品、事件及人际互动模式整合到医院中来。无论年轻的或年老的，患者们都能从医院环境的正常化中获益。当然，根据儿童和成人的差异，干预方法也不同。首先，让我们看看正常化在儿科中的应用。

正常化在儿科中的应用

在正常环境中，孩子的日常生活包括学校、娱乐时间、其他社会活动和家庭责任。孩子们与他们的父母、老师、兄弟姐妹和伙伴相处。相反，医院中的孩子每天大部分时间都是跟不熟悉的床、不熟悉的房间和不熟悉的人相处。这些人给他们打针、进行静脉注射和拍X线片。这些孩子很少有机会与家人和其他孩子相处。上学、游戏、喂狗这些常规活动都被打断了。这些变化会造成焦虑和挫折感，他们会通过发脾气、退缩或其他不适当的应对机制表现出来。如果住院需要很长时间，他们还会失学。这会妨碍儿童的社会能力和文化知识的发展。住院的经历不应该属于真正的童年体验，但音乐活动是。通过音乐活动让孩子们有机会参加游戏和进行肢体活动，与小伙伴们进行社会性互动，并促进认知发展。音乐是使医院环境正常化的有力工具（Davis，Gfeller，Thaut，1999）。下面我简要地介绍具体的活动方式。

游戏和肢体活动

游戏是小孩子探索环境、表达思想情感、学习新技巧的自然方式。学习音乐游戏，玩音乐玩具（上弦的动物、小汽车、演奏乐器），唱歌和随音乐运动都是常见的儿童活动（Barrickman，1989）。即使是初学走路的幼儿也会喜欢这些活动，因为音乐使能力发展中的小孩子感受感觉和运动体验。熟悉的儿歌，比如《小星星》《数高楼》《运动歌》等，在生疏和不快的环境中就像老朋友。根据Marley（1984）的研究，音乐游戏和活动可以减少婴幼儿紧张性行为。

疾病和医院环境往往会阻止儿童的正常运动。有慢性呼吸疾病或心脏病的孩子缺乏身体力量和精力进行奔跑和游戏。外科手术或整形手术后康复期的孩子由于身体的需要可能要减少运动。于是他们不能参与如跳绳、篮球等需要全身运动和耐力的活动。但是，身体活动并不需要全身一起参加。音乐治疗师可以设计适合孩子身体活动范围的音乐活动。比如，一侧手臂不能动的孩子可以用另一只手臂演奏打击乐器。卧床或坐轮椅的孩子可以参加那些鼓励上肢或面部运动的动作歌和手指游戏（用手指动作表达歌中的内容）（Barrickman，1989）。

结构性的社会互动

在全世界的幼儿园中，孩子们都在进行手拉手、唱歌、跳舞这样的集体音乐活动。音乐作为一种传统的社会参与媒介，可以促进医院环境中的社会性互动（Gfeller，1990）。合唱、打击乐队、动作歌和手指等各种游戏为孩子们提供了合作、意识到他人和分享思想的机会。即使羞怯的孩子也能通过演奏打击乐器、拍手、根据歌曲表演动作这些非语言的形式参与活动。（Barrickman，1989）

在学前期，如果较重的疾病妨碍了患病儿童上学，那么其文化知识的发展就会受到影响。家庭教师或医院教师这些教育服务可以帮助孩子保持正常的文化学习。音乐治疗师通过有趣的、适合不同年龄儿童的音乐活动教授和巩固学科及学前概念（颜色、数字、形状及其他幼儿园前就应掌握的概念）。许多儿童歌曲教授关于颜色、形状、动物及其他学前和低年级应该具有的概念知识。（Davis，Gfeller，Thaut，1999）

正常化在成年人治疗中的应用

孩子的哭叫明显地标志着他们感到恐怖，但我们很难从成年人在治疗中表现出的安静仪态确信他们感觉良好。成年人同样会对令人恐怖的医院病房和被打破的正常生活有负性反应。（Sarafino，1997）

通过提供社会交往的机会和适合患者功能水平的娱乐活动可以使成年患者的医院环境正常化。比如，合唱和即兴演奏可以鼓励患者间或患者与家属间的社会性交往。通过参加音乐娱乐活动可以减轻长期住院或活动的受限造成的烦闷。小巧轻便的乐器，比如电子琴、自动竖琴或卡林巴琴，即使没受过音乐训练的患者也能很快学会。（Munro，1984）

情感支持

急慢性疾病对身体不利，也对情绪不利。疾病和治疗造成的恐怖、焦虑，与亲人的分离，以及对疾病的适应和对死亡的意识等都是治疗期间的重要问题。比如艾滋病患者的情绪问题，免疫系统被破坏显然是不可医治的，由此带来的结果是，感染艾滋病的人可能被排斥或聚焦于负性情绪中。孤独、自责和无助的情感会像病情一样对身体具有破坏性。（Maranto，1988）

音乐一直被认为是一种可以表达最深层情感的有力的沟通形式。具有特殊情调和感情丰富的音乐可以为患者提供安慰和支持。音乐治疗师通过歌曲写作、聆听音乐、音乐放松和音乐绘画这些活动鼓励情绪的表达，促进心理健康。

在临终护理机构，音乐治疗还是一个探索和表达对即将来临的死亡的感觉的重要工具。比如有些患者发现，音乐是与家人和朋友分享情感的有效方式。Munro（1984）报道，临终患者在音乐治疗师的帮助下录制了一盘音乐合集，作为留给家人的离别礼物。

由于孩子经常感到在一个陌生的环境中用语言说清楚他们的情绪很困难，所以表达情感在儿科病房尤其重要。Froelich（1984）的研究显示，经过音乐治疗的住院儿童比仅接受传统干预形式的儿童更愿意用语言表达情感。总之，音乐治疗师可以提供重要的支持以减少疾病带来的心理、情绪影响。虽然音乐治疗师的最大回报可能只是一个轻松的微笑或愉快的笑声，但是主观评估和客观评估都显示了音乐治疗师对治疗过程的重要影响。

疼痛的评估

患者的需要和身体状况很不一样。因此，选择现实的适合的工具评估患者的状况对治疗师来说是一个挑战。为此，我们切不可低估治疗师敏感的主观评价的重要性。患者行为上的微小变化或一些看似偶然的迹象都能提供关于患者身体和情绪状况的重要信息。详细的进程记录最好由各种不同的客观评估工具测得，这对无论长期还是短期的治疗而言都适合。

主观报告

一种有价值的信息来源是由患者通过会谈或书面形式报告治疗中的身体压力、焦虑、紧张和满意度（Sarafino，1997 ）。身体不适的程度可以报告为描述性的文字或数字表格，患者可以把疼痛的强度表示在水平线或垂线上（图8-1）。其他的标准量表，比如Mc Gill Melzack疼痛问卷或Stewart疼痛—色彩表可以将疼痛量化（Stewart，1977）。类似的量表可以测量焦虑或情绪状态。比如，状态—特质（state-trait）焦虑量表评估患者的焦虑水

平。由于儿童的认知能力和语言能力与成人不同，对他们要使用特别为儿童设计的量表。（Sarafino，1997）

疼痛等级量表的例子见图8-1。

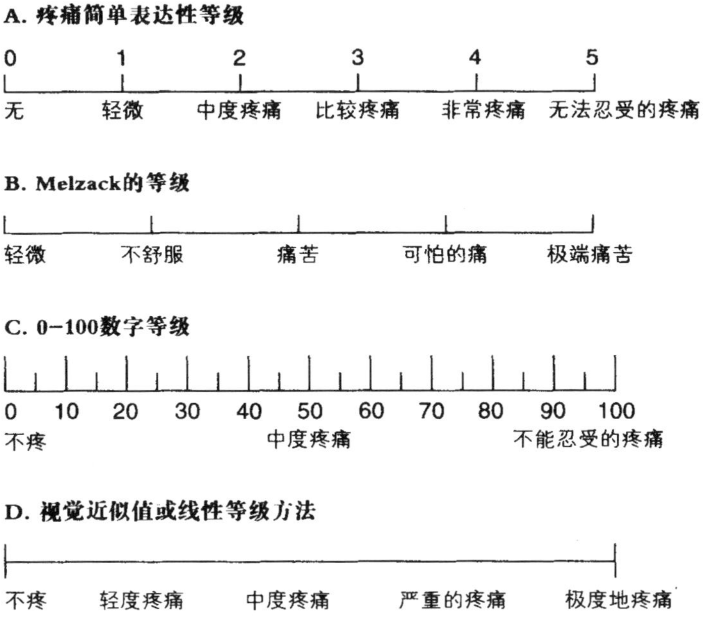

图8-1　疼痛等级量表

行为反应观察

观察数据也可以描述患者状况。比如，肌肉放松量表被用在Codding（1982）和Winokur（1984）的音乐治疗分娩方案中。这些量表要求观察者说明患者特定身体部位的放松水平，比如额头、下巴、脖子、肩膀和手臂。哭叫、面部扭曲、不平静或拒绝治疗这些行为的观察数据可以表示患者舒适或焦虑的水平。儿童的疼痛反应与成人不同，所以选择行为观察时要考虑患者的年龄

（Sarafino，1997）。因为疼痛是一种主观现象，所以要综合主观报告和观察数据以获得对患者状态的可靠测量数据。

生理指标测量

生理和临床测量也能了解病情的进展。血压、脉搏和肺活量表明患者的状况。许多用于镇痛的药物的使用量，或住院治疗时间的长短往往可以用来测量患者的满意度和治疗效果。（Sarafino，1997；Standley，1980）

在医疗环境中，许多测量工具都可以被用来测试患者的身体或心理状况。评估工具的选择要体现它反映患者状况的真实性和临床使用的简便性。评估既不能干扰治疗，也不能给敏感的患者造成更大压力。

总之，医疗环境中的音乐治疗师会面对各种年龄、各种情况的患者。他们需要解决的问题取决于病情、患者的年龄、治疗的进程和个人情况。在决定患者的需要、恰当的干预方法、音乐的使用和可靠的测量工具时，这些因素都要考虑到。此外，由于许多患者要接受各种不同的测试和治疗，音乐治疗师在与整个医疗小组的合作中要灵活协调。（Davis，Gfeller，Thaut，1999）

第九章
音乐治疗的程序

音乐治疗干预首先要对患者的情况资料进行收集。在对患者的情况资料搜集和分析之后，就应该形成治疗的长期目标和短期目标以及治疗的策略。同时，在治疗过程中，治疗师仍然需要不断地对患者出现的变化进行连续的评估。本章将要讨论音乐治疗师的职业责任，其中包括评估患者的需要、形成治疗计划、评价患者的转变、治疗过程的文档制作以及职业道德。

例如，Mary女士是一名58岁的妇女，患有抑郁症。发病原因可能与最近她的丈夫去世有关。她的医生建议她到医院精神科来就诊。让我们随着Mary的治疗过程来看看患者资料搜集、评估、病历制作，以及与职业道德有关的问题。

资料搜集

音乐治疗所需要的情况和资料可以是来自不同渠道的，包括医生、心理学家、职业治疗医师、物理治疗医师、语言治疗医师、学校老师、父母、社会工作者，以及患者本人。在医院的工作环境中，音乐治疗所需要的资料主要来自医生。在学校环境中，资料通常来自家长和学校的教师或心理咨询教师。而在护理之家，音乐治疗所需的资料来自工作人员、医生、家庭成员等。在精神病院的工作人员了解到，Marry曾在教会的合唱团里担任过钢琴演奏，并参加过社区的合唱团。虽然她已经有20年没有参加过此类活动，但仍然表示过希望进一步提高自己的音乐技能。Marry的医生相信，发展她的业余活动的技能会成为她的治疗计划中的一个关键环节。医生注意到了她的音乐背景，安排了一次音乐治疗的评估，以确定音乐治疗是否对Marry是一个有效的治疗途径。

评估

评估（assessment ）应该在治疗的开始之前完成。评估提供了患者的历史背景和目前的状况，并为后面的治疗策略和目标提供依据。有两种评估的类型，一种是基于描述性的结构形式。在这种类型的评估中，治疗师根据患者的症状或问题来设计治疗计划。评估的关注点是患者的问题、障碍或弱点。而近些年来，评估的类型已经被一种新的、被称为“满足需要”（felt needs）的理念所代替。这一类型的评估方法将患者的兴趣、价值观和态度融入治疗的计划中去。它更关注患者的需要，优势和潜力方面的评估。（Hasselkus，1986；Lewis，1989）

什么是评估?

评估是对患者的能力、需要和问题进行的分析，并在治疗过程开始前完成。评估的结果将决定着为患者所提供的治疗服务的性质和范围。治疗师可以通过与患者或其家属的会谈，对患者的智力、身体及其他方面进行观察或通过患者的以往病历来获得评估所需的资料。通过综合以上各种不同的途径所进行的评估是比较理想的方法。需要说明一点，有一些人把评估（assesment）与评价（evaluation）混为一谈。正如前面所述，评估是治疗师针对被治疗者或患者在治疗开始之前（前测）或治疗过程中（跟踪测查）对各种症状或状态所进行的测查，而评价是在治疗过程结束后进行的针对治疗师的治疗干预的效果的检验。虽然它们从形式和方法上有很多共同之处，但是在治疗过程中，其功能和角色是根本不同的。

通常，对患者的需要的评估是由一个多学科医疗小组来完成的。这个医疗小组由几个不同的医疗卫生方面的专业人士组成，他们共同合作来完成整个治疗过程。医疗小组可能包括临床医生、心理学家、职业治疗师、语言治疗师、物理治疗师、社会工作者等。每一个小组成员都分别在自己的专业领域对患者进行局部的评估。例如，临床医生负责评估患者的病史和目前的健康状态，职业治疗师则负责汇集患者的社会的、业余生活的、职业工作的能力，心理学家负责检查患者的认知能力和人格特点，物理治疗师负责测查患者的运动功能状况，社会工作者负责了解患者的家庭及其他社会关系的状况，音乐治疗师则评价患者对音乐的兴趣、能力和技能水平。此外，音乐治疗师还要通过音乐的刺激方法来评估患者的其他非音乐领域的能力和状况。这些非音乐领域包括：听觉感受力、记忆力、听觉分辨力、大肌肉和精细肌肉运动协调能力，以及社会与情绪的行为方式（Hanser，1987）。医疗小组的评估在如下方面进行：

医学的	以往病史和现在的健康状态。
认知的	理解力、注意力集中能力、注意力集中时间长度、记忆力、解决问题的能力等。
社会的	自我表达、自我控制以及人际和社会反应的数量和质量等。
生理的	运动的幅度、大肌肉和精细肌肉运动协调、力量、承受力等。
职业或教育的	必要的工作技能，或为胜任未来的工作的能力准备。
情绪	在各种情境中的正确或适当的情绪或情感的反应。
交流	语言的表达和接受能力。
家庭	家庭关系和需要。
业余生活技能	包括对自己的娱乐的兴趣和需要的意识、参与各种业余活动的意识，对社区业余生活资源的了解程度。

评估的重要性

基于如下几个原因，一个音乐治疗师必须知道如何操作评估方法。第一，也是最主要的原因在于，评估中所获得的情况和资料将决定治疗的性质和范围。这些情况和资料将帮助音乐治疗师判断患者是否适于音乐治疗？如果适合，什么治疗目标和方法将是适当的？

第二，对患者的需要的评估为治疗的进程提供参考。也就是说，如果我们不知道我们的起点在哪，我们便不知道我们现在走了多远。如果治疗的进程没有使人感到满意，治疗师就必须调整治疗计划。当治疗结束时，最后的疗效评价与最初的评估可以告诉我们治疗的效果和患者的进步。

第三，音乐治疗专业的发展和成长依赖于音乐治疗师正确地评估、观察和评价治疗的能力。Cohen、Averbach和Katz（1978）指出，无论是音乐治疗，还是其他专业，没有一个专业可以不依靠一个正确有效的评估体系就确立自己的专业地位。这一评估体系必须强调音乐治疗的独特性和取决于对于患者的个性化的治疗、训练和恢复计划的实施。

Mary的多学科人员组成的医疗小组在她住院的初期就完成了对她的评估。结果简要地综合如下：

医学　　Mary患有高血压伴随轻度体重超标，目前服用血压控制药物。除此之外，她没有其他明显的生理健康问题，其视力和听力均正常。

认知　　Mary的智力状况正常，但是在注意力集中方面有一定困难。她注意力集中的时间较短，记忆力不良，解决问题能力较差，这些因素影响了她的智力状态的表现。这些问题是由于她的抑郁状态造成的。

社会　　自从她的丈夫去世，她就开始远离各种社会活动。她虽然报告说感到孤独，但是拒绝参加各种社会交往。

生理	对于一名58岁的妇女来说，Mary在大肌肉和精细肌肉运动、力量，以及身体协调能力方面表现正常。她抱怨说身体无力，容易疲乏。这应属于抑郁症的症状。
职业或教育	Mary已有15年没有工作，曾经做过助教、秘书和售货员。她曾上过2年制的大专，专业为音乐教育。
情绪	由于患有抑郁症，她很少有情感表现。她报告说感到对未来没有希望，并采取过自杀行为。她还没有从丈夫死亡的悲伤情绪中解脱出来。
人际交流	Mary仅在回答问题时有简单的语言反应，通常仅有一两个单词，很少与人目光接触。
家庭	Mary有两个成年子女，均在外地生活，自从他们的父亲的葬礼后就没有回来过。Mary报告说感到自己与子女很疏远，而且在本地没有其他亲属。
业余生活	Mary在过去的几年里一直照料由于脑中风而瘫痪的丈夫。她说她除了偶尔与朋友一起打保龄球以外，基本上没有什么娱乐活动。评估师说，很多年前，她曾在教会为婚礼及葬礼弹钢琴，也曾参加过社区的合唱团。她表示有兴趣重新提高她的音乐技能。

以上评估证实了她患有抑郁症。医疗小组认为抗抑郁药物和支持性小组治疗将会对她的症状有效，但是小组担心在她出院之后，由于她不参加社会活动，可能会使她的病情反复。医疗小组希望音乐治疗可以帮助Mary更多地与他人交往。然而Mary是否有兴趣和能力来参与音乐治疗活动？医疗小组将Mary转介给音乐治疗师，由他来进一步做音乐能力的评估。（Davis，Gfeller，1999）

评估的工具

在评估中使用何种工具很大程度上取决于对患者的问题的类型和评估的集中点，例如智力发展障碍的儿童的特点与护理之家的老年患者就非常不同。此外，不同的专业人员会注意患者的不同功能方面的情况。一个心理学家所使用的评估工具与职业治疗师相差很大，而职业治疗师使用的评估工具又与物理治疗师不同。

信度或可靠性（reliability）以及效度或有效性（validity）是评价一个评估工具是否适用的最重要的两个因素。信度是指一个测验中对行为测量的一致性。为了使测验可靠，每次对行为的测量必须相同。效度是指一个测验的测量是否恰当。例如，如果你想要检查你血液中的胆固醇水平，那么胆固醇测验就是有效的（而不是测量你的血红蛋白或白细胞的数量），而且如果每次你都是用同样的测量方法，那么你的胆固醇测验的结果就是可靠的。

通过心理学家、物理治疗师、医生、职业治疗师以及其他专业人员所搜集到的有关生理、社会、认知以及医学的非音乐资料是有助于音乐治疗的。另外，音乐治疗也形成了一些自己的评估工具，用来评估不同人群的各种音乐的和非音乐的功能和能力。

一些评估手段是专门为有智力发展障碍的儿童所设计的（Boxhill，1985；Cohen et al.，1978；Cohen & Gericke，1972；Wasserman et al.，1973），一些是专门为患有精神病的患者设计的（Braswell et al.，1986），一些是为那些老年患者设计的（York，1994），一些是为听力损伤的患者设计的（Gfeller & Baumann，1988）。此外，Rider（1981）设计了用来测验成年人和儿童的认知能力的测验，Crocker（1955）设计了通过即兴演奏音乐来评估情绪障碍儿童的方法，Nordoff和Robbins（1977）设计了通过即兴演奏音乐来评估孤独症儿童的方法，Bitcon（1976）和Bruscia（1987）设计了针对一般性临床患者的音乐治疗评估方法。这些评估方法和手段的可靠性和有效性还没有被确立，因此在使用这些评估方法时，对评估结果的解释一定要谨慎。

在评估的时候，由于时间有限，所以评估的精确程度往往被限制，而且治疗师在进行评估时还有其他的工作责任需要完成，因此，一个详尽的评估通常是不现实的。但是，有四种形式的评估方法可以帮助我们简捷地进行评估工作：①汇集评估法；②列表评估法；③患者特性评估法；④跟踪评估法。

汇集评估法（selective assessment）

通过阅读其他专业人员，如心理学家、医生、职业治疗师、物理治疗师，以及其他医疗小组成员所提供的病历，音乐治疗师可以获得有价值的信息资料来建立自己的治疗目标和干预方法。在前面所提到的例子中，音乐治疗师通过已有的评估材料来建立Mary的治疗计划。但是这样做的缺点是可能遗漏某些关键的信息。

列表评估法（checklist assessment）

很多评估是通过描述性的记录方法来汇集信息资料的。这样做虽然有利于理解，但是较费时间。列表评估的方法虽然不够详尽，但操作十分快捷。音乐治疗师可以制定一个表格来评估Mary的音乐能力。

患者特性评估法（patient-specific assessment）

在这个方法中，治疗师通过一些精心挑选的问题对由其他医疗小组成员所提供的已有的信息资料进行补充，进而产生一个适宜的治疗计划（Cohen & Gericke，1972）。音乐治疗师先阅读其他医疗小组成员提供的信息资料，然后询问Mary一些问题，最后制定治疗计划。

跟踪评估法（running assessment）

很多时候，评估实际上是在治疗过程中进行的。在这种情况下，治疗师运用有计划的治疗性音乐体验来显示患者所具有的优势以及他的需要。经过一段时间，治疗计划即可以在已经获得的信息资料的基础上形成。这种方法的优点在于，可以应用在那些在已有的音乐治疗集体中新加入的成员身上。这一方法的缺点是：它需要较长的时间来获得必要的数据，以便制定有效的治疗目标。跟踪评估法可能不适于Mary的情况，因为她是被安排参加一个短期治疗计划的，并已经有了一个具体的方向。

由于药物治疗和支持性治疗，Mary的抑郁症状在几周后明显减轻，她的饮食和睡眠状态也基本恢复正常。她变得较愿意与他人交流沟通，注意力集中能力和解决问题的能力也有明显的改善。在帮助Mary通过提高音乐技能来参与社区业余生活活动方面，音乐治疗师将充当一个重要的角色。为此，音乐治疗师需要评估如下方面：

1. 她提高音乐技能的动机水平；

2. 她演奏钢琴和声乐的技能水平；

3. 她对社区业余生活活动资源（如音乐商店、音乐教师和表演团体）的了解程度；

4. 她的工作习惯（包括是否准时、责任心、解决问题的能力和时间安排等）。

音乐治疗师通过使用汇集评估法，确证了如下情况：

Mary能够想起她过去曾参加的音乐活动，并渴望重新提高自己的音乐技能。她对自己的音乐技能水平有一个客观的评价，并有信心通过努力在钢琴和声乐方面达到较高的水平。这并不奇怪，Mary的钢琴演奏技能在过去的岁月中严重退步，她需要进行集中强化的练习才能重新在公众面前表演。她的歌唱能力虽然也有退步，但较之钢琴来说，她仅需要较少的练习即可恢复到较好的水平。

虽然Mary在她的社区生活了许多年，但她对那些可以帮助自己提高音乐技能的社区的业余生活活动的资源知之甚少。

音乐治疗师注意到Mary在这个治疗中心的治疗过程中不能做到每次都准时。因此，她需要在真正参与社区的音乐活动之前，提高自己的守时能力和责任心。

治疗计划

在对评估的资料数据汇集完成并进行了分析之后，下一个步骤就是建立一个音乐治疗计划。Mary需要提高她的音乐技能，获得社区业余生活活动的有关信息，改进她的工作习惯，并继续解决她丈夫去世所带来的悲痛情绪问题。音乐治疗师打算设计一个治疗计划，从Mary的现有水平开始，帮助她逐步达到一个期待的行为水平。（Davis，Gfeller，1999）

治疗的长期目标与短期目标的制定

一个基本的治疗计划取决于它的长期目标和短期目标。一个长期目标可以定义为一个对期待的治疗最终结果的宽泛描述。因此，音乐治疗师通过对Mary的咨询过程，形成了如下治疗的长期目标：

1. 提高声乐技能；
2. 提高钢琴技能；
3. 提高守时能力；
4. 利用社区音乐资源的能力；
5. 解决悲伤情绪的问题。

当我们说长期目标是一个对患者的期待行为的变化的描述，而短期目标则是更加具体的和短期的描述。一个长期的目标可以被分解为数个短期目标。每一个短期目标都有当前的目的，它可以被视为达到长期目标所需要的小步骤。下面是关于Mary的短期目标：

G1（goal 1）：　提高声乐技能

O1（objective 1）	Mary将在下一周内三次，每次花一个半 小时的时间来练习歌唱技巧。
G2	提高钢琴技能
O2	Mary将在下一周内三次，每次花一个半 小时的时间来练习钢琴技巧。
G3	提高准时的能力
O3	Mary在下一周内，将能在音乐治疗活动中有三次准点到达。
G4	利用社区的资源。
O4	在下一次音乐治疗活动中，Mary将去一家音乐商店，并购买一本乐谱。
G5	解决悲伤情绪的问题
O5	在下一次音乐治疗活动中，Mary将对自己的悲伤情绪做出至少四个正确的评价。

请注意，在上面的例子中，每一个短期目标都包含了几个不同的部分：下面划有双横线的是被观察的行为。下面有单划横线的是观察的标准。观察标准必须是量化的，使用数字或百分比。下面划有波形线的是截止时间，定出完成目标的时间限制。另外，有些时候短期目标还包括一个限定词，来指出在某些条件下某些目标将是有效的，例如，“在下一周的时间内，如果社区举办任何音乐活动（限定词），Mary将至少观看一次这样的社区音乐活动。”我们可以看到，短期目标清晰地表明了患者努力的方

向。短期目标可能是比较难设计的，但它为患者的治疗方向提供了最好的指示。

当制定了Mary治疗的长期目标和短期目标后，音乐治疗师就可以制定自己的干预措施来帮助Mary达到治疗的目标。Mary将每周进行三次音乐治疗，每次一小时，预计用三个月的时间完成治疗。在治疗中，她将与治疗师一起练习钢琴和歌唱技术，同时就她在工作方面的习惯以及社区音乐活动的资源问题与治疗师进行讨论。音乐治疗师将在治疗的过程中通过数据的搜集（将要在下面来讨论）来跟踪Mary的治疗进展。等Mary达到了一个短期目标后，新的短期目标就要被制定出来，促使她最终达到自己的长期治疗目标。（Davis，Gfeller，1999）

数据搜集体系在患者的治疗过程中对治疗的进展进行全程的监控是治疗工作中最重要的环节之一（Ottenbacher，1986）。这样可以使治疗师在治疗进展不理想时及时地调整治疗计划，并在治疗结束时衡量治疗成功与否。

我们已经知道，精心设计的短期目标可以精确地显示出为了达到治疗的长期目标，我们需要患者具体做些什么。因为人的行为是可以被治疗师观察到的，所以这些行为也是可以被精确地记录下来，并与患者的基础水平或患者在治疗开始前的行为水平来做对比的。获得患者行为的基础水平是非常重要的，因为它显示出了患者问题的严重程度，并为治疗效果的评价提供了参照系数。

现在有许多不同的患者行为数据的搜集方法，但是最容易和最常用的方法是频率和持续时间的记录方法（Hall，1974；Ottenbacher，1986；Sulzer-Azaroff，Mayer，1977）。

频率记录法（frequency recording）

这个非常实用的方法是，治疗师在观察中，简单地计算患者的某些不连续的行为的出现次数。也就是说，某一具体行为出现的频率如何？在有些情况下，治疗的短期目标就是为了减少某些行为的发生。例如一名患者非常烦躁不安，并不能参与集体的治疗活动。为了确定患者的烦躁程度是否得到缓解，治疗师可能会计算患者在治疗时间内离开其座位的次数。另外，也许我们希望看到一些健康的或有目的的行为出现的次数增加。因此，音乐治疗师可以计算患者在一个特定的时间内学会演奏吉他和弦的数量。任何可计数的行为都可以用频率记录法来记录。另外的例子包括使用语言的次数、迟到的次数，以及辨认乐器或乐曲的数量等。

使用频率记录法的优点是，这种方法可以不影响正常的治疗过程，同时进行数据的采集，且数据很容易记录并制成图表。治疗师可以简单地在一张纸上记录行为的次数，或使用一个计数器。数据可以转化为图表，以便提供一种显示患者治疗进展情况的视觉表示方法。

持续时间记录法（duration recording）

有时候，测量患者某一行为的持续时间是很重要的。持续时间可以是测量总的时间长度（如秒、分钟、小时），或者某一行为在一个特定时间中出现和持续的时间的比例。例如，在对一个患有多动症，总是不能安静地坐在椅子上的儿童进行治疗时，治疗师可能想记录这个儿童在治疗时花多少时间离开自己的座位。在一个为期20分钟的治疗时间内，离开座位10分钟的行为可以记录为10分钟，也可以记录为50%。在记录时，如果需要记录精确的时间，可以使用一个秒表，如果不需要记录精确的时间，也可使用普通的手表或钟表。其他可以使用持续时间记录法的行为包括参与活动的时间或迟到的时间。

音乐治疗师使用了频率和持续时间两种方法来采集Mary的治疗进程的数据。他在Mary的治疗计划中的五个短期目标上都使用了频率记录法。他记录了Mary每周练习钢琴和声乐的次数、参加音乐治疗活动时按时到达的次数、与当地的音乐活动组织机构联系的次数、在治疗时的谈话中谈论关于自己的悲伤情绪问题的次数。音乐治疗师还使用持续时间记录法来记录Mary每周练习钢琴和声乐的时间长度，以及她在音乐治疗中迟到的时间长度。所有这些数据资料都被用来评价Mary的治疗进展，并被制成图表。

在美国，不同的音乐治疗师由于受到的训练有所不同，他们书写治疗计划的方式也有一定的差别。下面以作者本人的一份治疗计划为例：

治疗计划

姓名：王小明　　　性别：男　　　年龄：14岁

家庭住址：xxxxxxxxxxxxxxxx　　　监护人：张xx

关系：母子　　　联系电话：xxxxxxxx

背景

王小明于2002年在北京第六医院被诊断为儿童孤独症。2003年开始由母亲陪同参加中央音乐学院音乐治疗中心的孤独症治疗小组。王小明第一次来到治疗室的时候虽然能够在其母亲的帮助下使用非常简单的“是”或“不是”，“有”或“没有”等语言回答治疗师的一些问话，但不能主动向治疗师或其他同伴问好、打招呼，也从不主动说话。在音乐治疗活动中，王小明有一半的时间不能按照要求坐在指定的椅子上，不断地起身四处乱跑，并多次出现对其他同伴的攻击性行为，例如抓女孩子的头发，用乐器打击其他同伴的身体，并抢夺其他同伴的乐器等。当治疗师试图与王小明产生语言或音乐方面的互动时，他一直回避与治疗师发生目光接触。王小明的身体发育良好，运动能力良好，肢体的平衡能力也良好。在唱歌的时候，他的声音洪亮，音准节奏能力均正常。

长期目标（Goal）：

1. 提高人际交往能力；
2. 提高语言表达能力；
3. 提高自我行为控制能力；
4. 提高目光对视的能力。

短期目标（Objective）：

1. 截至8月22日，王小明在一次治疗中至少有两次主动向同伴们问好（G1）。
2. 截至8月22日，王小明在一次治疗中至少能在治疗师的提示下用语言表达对音乐的感受，如“喜欢”“不喜欢”“好听”“不好听”等（G2）。
3. 截至8月22日，王小明在一次治疗中至少四次在治疗师的帮助下使用完整的句子回答治疗师提出的问题（G2）。

4. 截至8月22日，王小明在一次治疗中能够按照要求坐在自己的位子上的时间达70%以上（G3）。
5. 截至8月22日，王小明在一次治疗中至少能够参与全部音乐活动的80%（G3）。
6. 截至8月22日，王小明在一次治疗中的攻击性行为将能够减少到三次以下（G3）。
7. 截至8月22日，王小明在一次治疗中将能够有三次以上与治疗师保持三秒钟以上的目光接触（G4）。

音乐干预活动安排

1. 唱《你好歌》，同时依次向每一个同伴问好（O1、O6）。
2. 歌曲讨论：聆听，然后歌唱《我是一只小小鸟》，然后对歌词进行讨论（O2、O3、O6）。
3. 音乐绘画：治疗师播放管弦乐作品《彼得与狼》的录音，同时要求小组成员在纸上作画，没有任何主题提示。完成后要求小组成员向大家解释自己绘画的内容（O2、O4、O6）。
4. 即兴演奏：小组成员选择自己喜欢的乐器，然后进行随意地演奏，标题为《爸爸和妈妈》，然后向大家解释自己用音乐表达的意思（O4、O5、O6）。
5. 《再见歌》，小组成员相互告别（G1、G3）。

当制定了长、短期治疗目标之后，音乐治疗师将使用下面的行为观察表格进行前测，以确定王小明在治疗前的行为基础水平。然后继续使用同样的表格进行跟踪评估，以记录王小明在整个治疗过程中行为的变化数据。在一阶段的治疗结束后，把行为观察表中的数据按照图9-1的方式画出线型图，使人能够一目了然地看到王小明的行为变化的曲线和趋势。

行为观察表 **年 月 日**

靶行为	1	2	3	4	5	6	7	8	9	10	11	12
1.主动问好（次）												
2.简单表达感受（次）												
3.完整回答问题（次）												
4.入组就座（%）												
5.三秒以上目光对视（次）												
6.服从指导（次）												
7.攻击行为（次）												
8.参与活动（%）												

治疗师的工作风格虽然有所不同，但病历文件（documentation）都是按照下面的的基本要求来进行撰写的。

病历文件

医疗卫生机构必须保存有关患者的记录，包括诊断、治疗和护理在内的全部和准确的记录。这些记录按照时间顺序提供了患者的治疗情况，并且成为具有法律性质的文件（Miller，1986）。这些文件的内容还被用来对所提供的服务的质量（即治疗效果）、成本以及效率进行监督。将来，音乐治疗的疗程报告还可能被用来向医疗保险公司、医疗福利或公费医疗证明其费用。更实际地讲，这些文件在医疗人员和患者之间形成了一个桥梁。

按时提供正确的病历文件是所有音乐治疗师的基本责任。这些文件应包括评估数据、治疗的长期目标和短期目标、治疗计划、疗程记录以及总结报告。在文件中，信息情况应写得简明，并使用客观、无主观评价的专业术语。

在每次治疗后，音乐治疗师都会写一个治疗总结附到正式的病历文件中去。

病历文件的方法

文件报告的书写要求和格式在很大程度取决于所在的机构。但在很多医院，一种很常见的病历文件的写法被称为“APIE”。APIE记录包括如下四个部分：

A=评估（assessment）　在这个部分，治疗师表述那些在最初的评估中所确定下来的患者的需求情况，以及患者在每次治疗中所表现出来的具体功能水平。

P=计划（plan）　治疗师列出所有在治疗中要达到的治疗目标，以及使用的音乐治疗干预手段。

I=干预（intervention）　在这一部分中，治疗师用客观的和主观的表述形式对自己在治疗过程中所观察到的现象，以及治疗师如何对患者进行干预等情况进行描述。其中还包括每次治疗的时间、患者参加治疗小组的人数、治疗的效果以及值得注意的情绪表现等。

E=评价（evaluation）　在最后一部分中，治疗师首先表述在这次治疗过程中，治疗的长期目标和短期目标是否达到，评价整个治疗的过程，评价与长期目标和短期目标有关的体验的效果。

下面是音乐治疗师按照APIE的模式所写的一次有关患者Mary的治疗记录。

A：Mary是一名58岁的门诊患者，被诊断为由于丈夫去世引起的抑郁症。患者需要在医院工作人员或病友面前增强自己对由于丈夫去世所带来的情绪的语言表达能力。此外，患者还存在着在音乐治疗或社区的音乐活动中不能按时到达的问题。患者还需要增进对社区音乐活动资源的了解。她的钢琴和声乐的练习时间需要增加。

在今天的音乐治疗中，Mary显得很消沉，她回避与治疗师的视线接触，在整个治疗过程中都不主动与治疗师或其他病友交谈。患者报告说在音乐治疗之后感到好一些。患者迟到5分钟到达。

P：Mary继续每周一次参加门诊的音乐治疗小组活动。在今天的治疗中，治疗师询问Mary上一周练习钢琴和声乐的次数和时间、参加排练是否准时、一周内与社区音乐活动组织联系的次数。在今天的音乐治疗中，治疗师使用歌曲创作和器乐即兴演奏的方法来诱发她与丈夫逝世有关的悲伤情绪的讨论。

I：为了帮助Mary对治疗师和病友更容易地谈论由丈夫去世引发的悲伤感情，治疗师使用了治疗性歌曲写作和即兴器乐演奏的方法。在小组成员集体创作一段反映抑郁情绪的歌词时，治疗师要求Mary也编写其中的一句歌词，但Mary拒绝参与这一活动。看来这一活动可能带来的体验使她感到不安。在器乐的即兴演奏中，她选择了一个铝板钟琴，并从头到尾演奏这一乐器（15 分钟）。在这一段时间里，她的情绪状态有所改善，她多次微笑，并与治疗师及小组成员保持目光接触。在即兴演奏结束时，Mary两次谈到自己的情绪，表示她感到与治疗刚开始时相比，自己的情绪好多了。本次治疗有8名成员参加。

E：Mary表示她在上周共练习声乐及钢琴4次，每次30分钟，达到短期目标。Mary报告说两次合唱的排练都准时到达，但是今天的音乐治疗迟到了5分钟。虽然她在守时有进步，但是在每周一次的音乐治疗中继续迟到，没有达到短期目标。在寻找社区的音乐活动资源方面她做得不错。上周，她在音乐商店两次购买了声乐和钢琴的乐谱，达到短期目标。在今天的器乐即兴演奏中，Mary两次用语言表达了与她的抑郁情绪。虽然Mary越来越容易表达她的情绪，但仍然没有达到四次用语言表达自己的抑郁情绪的短期治疗目标。

另一种记录患者的治疗进程的方法是图表法，可以以视觉的数据表达方式来直接显示患者的治疗进展（或无进展）。图9-1显示了Mary在过去的两个月中，参加音乐治疗时的迟到情况。我们可从图9-1中Mary在两周内每次治疗迟到的分钟数中看到，Mary不能保持准时。Mary治疗的每一个长期目标都可以以图表的形式来记录。（Davis，Gfeller，Thaut，1999）

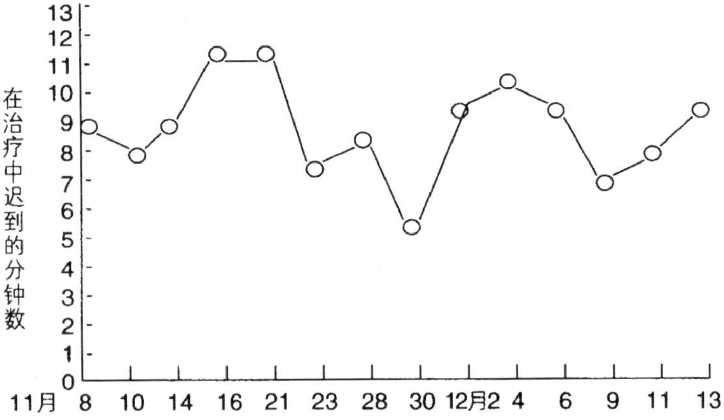

图9-1 Mary在两周内每次治疗迟到的分钟数

评价和治疗的结束

当一个患者达到了她治疗的长期目标时，或者当医疗小组确定该患者已经从治疗中获得了可能的最佳疗效时，该治疗程序即应该结束。这时，音乐治疗师应该对全部的治疗过程做一个评价，包括最初的长期目标以及治疗的进展。治疗师还可以包括对今后的治疗意见或建议其他治疗的服务。

Mary参与了为期三个月的门诊音乐治疗。她已经较好地达到了她的大部分治疗目标。在音乐治疗师的总结中，治疗师建议Mary继续每周参加一次音乐治疗，并使已得到提高的声乐和钢琴技能成为自己的一种业余生活方式，并通过这些活动促使自己能更多地与他人交往。（Davis，Gfeller，Thaut，1999）

职业道德

绝大多数医疗机构不但很重视其工作人员通过各种培训教

育以及考核所表现出来的专业知识水平，而且很重视他们的职业道德。“职业道德”是指指导工作人员在工作中的行为准则。职业道德的标准优势与法律有关（如国家法律的有关规定），但是有些是由医疗机构组织自己制定的。很多医疗专业组织，如美国心理学会（American Psychological Association）、美国精神病学会（American Psychiatric Association）、国家社会工作者联合会（National Association of Social Workers）以及美国音乐治疗学会（American Music Therapy Association）等都制定了自己的职业道德条例，来说明治疗师在与病人以及社会的关系中的正确行为（Corey et al.，1993）。虽然各个组织的职业道德标准中所制定的具体行为规范有所不同，但是在一些关键的问题上，包括音乐治疗学会在各个专业的行业组织都是同样关注的。这些包括：职业能力和治疗师—病人的关系等。

保密原则

保密原则是指治疗师不能将治疗过程中获得的病人的资料在除直接的专业医疗小组以外的场合泄漏或讨论。这一原则不但出现在绝大多数的职业道德条例中，而且在美国很多州的法律中有明确规定。（Corey et al.，1993）

绝大多数医疗健康行业在他们的职业道德条例中都有关于保密性的规定。美国国家音乐治疗协会的职业道德条例（1987）就有一个有关保密性的章节。其中的一个重要内容就是，治疗师要对病人的所有信息保密，无论该信息是来自病历、图表、录音还是非正式的谈话。病人的姓名、照片、年龄、性别、职业、住址、各种形式的通信方式（电话号码、电子邮件地址、邮箱等）、经济状况、职业、婚姻状态、病史、症状情况以及个人经历等所有属于个人的信息，未经本人同意，一概不得向任何与病人的治疗工作无关的第三方人士或机构透露，其中也包括该病人的医疗小组成员之外的医护人员和专业人士。但是将信息资料与其他直接参与该病人治疗的工作人员分享是允许的。如出于学术研究的目的公开使用病人的有关信息和资料时，需要病人本人的授权。如病人为未成年人，或由于病人的精神状态或智力状态无法理性地做出决定，则应由其监护人代为行使授权。

学生在学习阶段的临床实践活动中所接触到的病人的所有信息不得带出医院或实习机构。如果出于接受导师的督导的目的而需要将一些病人的资料向导师呈现的时候，必须隐去病人的真实姓名和具体的个人信息，如病人服务的具体机构以及职务、病人的具体住址等。

在一些情况下，保密性可能受到限制，例如，病人的语言或行为在下列情况下是允许被透露的：（1）当病人的行为即将对其本人或他人构成危险时。如一个病人告诉治疗师，她要杀死过去的男朋友，那么该治疗师具有法律义务通知受威胁的人以及适当的部门，以便采取必要的保护措施以避免有害行为的发生。（2）在对儿童有虐待行为的情况下。（3）在涉及法律，法庭需要有关信息资料的情况下。（Corey，1996）

保密性是音乐治疗的一个非常重要的部分。学生应在第一次接触医院实践活动之前就学习和理解保密性的原则。

治疗关系原则

美国音乐治疗协会的职业道德条例第三条第三款写道：“音乐治疗师不应进入与病人、学生或实验被试者的双重关系。这种双重关系会影响治疗师的职业判断和客观性，并造成对立或矛盾的利益关系。”

治疗师与病人或来访者的关系应该是单纯的治疗关系，而不应在此关系之外存在任何其他关系，如恋爱关系、朋友关系、亲戚关系、同事关系、同学关系、事业或商业伙伴关系等。任何治疗关系之外的关系都不应该产生于治疗关系之前、治疗过程当中，甚至治疗关系之后。因为治疗关系之外的任何关系都会影响治疗过程中治疗师对病人的客观立场和理解角度，也会影响病人或来访者对真实的内心世界的开放程度，从而最终影响治疗的效果和病人或来访者的利益。所以，如果一个与治疗师存在某种关系（例如朋友）的病人向治疗师求助，那么治疗师应当设法把他转介给与病人没有任何关系的其他治疗师。

在治疗过程中，治疗师很可能成为病人一生中唯一可以敞开内心世界，没有顾忌地述说内心秘密的人。这种对治疗师的职业的信任情感很可能会在无意识中被病人错误地体验为对治疗师个人的信任和依恋的情感。而治疗师面对一个无助的人向自己敞开深层的丰富情感世界，很容易产生强烈的情感共鸣和感动。因此，治疗师与病人或来访者之间产生情感的现象非常容易发生。这种感情其实不是正常生活中的相互爱慕的感情，而是由于特殊的环境和角色中可能产生的一种错觉。用心理动力学派的术语来说，这是一种在治疗中常见的移情与反移情的现象。如果在这个时候，治疗师与病人或来访者建立爱情关系或性关系，治疗师实际上就是有意或无意地利用了病人或来访者无助的弱势地位来达到满足自身情欲的目的。事实上，这种爱情或性关系一旦建立，治疗关系就会被完全破坏，正常的治疗过程就无法进行下去，最终损害了病人或来访者的利益。

因此，如果治疗师发现病人或来访者有任何试图跨越单纯的治疗关系的迹象，例如邀请治疗师外出吃饭、喝咖啡、散步，或到一方的家里做客，赠送治疗费用以外的礼品，在治疗时间之外打电话谈论与治疗无关的事情等，治疗师都应引起足够的警惕，谨慎地处理好关系。当然，治疗师一方也应该严格禁止试图与病人或来访者建立任何治疗关系之外的关系，包括一般的朋友关系。即使在正式的治疗关系结束之后，治疗师依然不能与过去的病人或来访者建立任何其他新的关系，因为我们无法预料这个病人或来访者不会在将来的一天再次向你寻求专业帮助。

另外，我们应该强调的是，治疗师与病人或来访者的交往和接触，应该仅限于特定的治疗场所，而不是任何其他非治疗的场所。目前国内有一些心理咨询专业人士提出在茶馆或咖啡馆进行心理咨询的做法。他们认为在这些场所进行心理咨询可以让来访者更加放松，避免产生“我有心理问题了”的顾虑。但是在这种非专业场所进行交往本身就已经开始产生了角色的混乱，不可避免地会产生各种治疗关系之外的其他关系。

我在职业生涯中，经常为一些成功的企业家提供服务。这些企业家常常在成功的治疗结束之后，在表达感激之情的同时，认为音乐治疗是一个非常有潜力的新兴事业，表示愿意投资，共同发展音乐治疗事业。而我只能婉拒他们的好意，因为我很清楚，即使在治疗结束之后，我依然不能与他们成为事业伙伴。

但是，如果学生为了学习和实践的目的在同学、朋友或同事之间进行操作练习、自我体验，或教师出于教学和训练的目的为学生进行的治疗，则属于非正式的治疗关系，所以不属于双重关系。

符合职称和身份的行为原则

音乐治疗师必须是经过严格系统的专业训练，并通过考试获得音乐治疗师资格或证书的专业人士。没有完成系统的专业训练，没有获得相关的资格认证获证书的人士，不应称自己为“音乐治疗师”，更不可以“音乐治疗师”的名义进行治疗、教学或其他相关的职业行为。

我国目前在这方面的情况有些混乱。很多医疗机构在没有任何受过专业训练的人员的情况下，对外宣称提供音乐治疗服务。一些没有经过系统训练的人士以“音乐治疗师”的名义对社会开展所谓的音乐治疗服务甚至教学或培训。这都是严重违反职业伦理道德的行为，他们的做法不可避免地会对音乐治疗的行业声誉造成严重的破坏。2007年开始，我国的音乐治疗师行业委员会成立，并开始进行音乐治疗师的资格认证工作。希望这种混乱的情况能够逐渐有所改善。

另外，音乐治疗师应该严格恪守自己的职业行为规范，不做超出自己职业身份的行为。例如，音乐治疗师没有诊断权和药物的处方权，所以不应该给任何病人或来访者做出疾病的诊断，或给病人或来访者提出任何有关选择、使用或不使用任何药物的建议。音乐治疗师也不应该超越职能范围，为病人提供任何诸如舞蹈治疗、语言治疗、物理治疗、婚姻治疗等其他专业服务，除非他经过相关的专业培训，拥有相关的职业资格。

病人的知情权和决定权原则

病人或来访者有权知道自己的病情、治疗的程序和方式、治疗的预期效果，以及治疗师对自己病情的理解和治疗计划。病人或来访者有权决定自己是否进入治疗、什么时候开始治疗，是否停止治疗。治疗师应该如实地向病人或来访者提供有关信息。治疗师应该以病人的治疗目标为目标，而不把自己的目标强加于病人或来访者。例如，一个来访者因为与工作单位的领导的关系产生严重矛盾而造成情绪的低落和焦虑，来到音乐治疗师的诊所寻求帮助，希望能够改善情绪状态。而治疗师通过对来访者情况的了解，认为来访者的问题的根源实际上是在童年与父亲的矛盾关系。因此治疗师认为要想真正解决问题，应该从童年的经历入手。但是来访者并不认同治疗师的看法，并且不愿意进入长程的心理治疗，仅仅希望能够改善目前的低落和焦虑的情绪。在这种情况下，治疗师应该尊重来访者的决定权，以来访者的目标为目标，而不要将自己的目标强加于来访者。

以上仅仅是音乐治疗或其他有关专业的复杂的职业道德标准中的一小部分。虽然并不是所有违背职业道德的行为都会导致法律的介入，但是违反职业道德条例的治疗师将会受到行业组织的制裁或谴责。除了以上强制性措施以外，每一个治疗师都有义务自觉遵守这些准则，以便保护病人的权益和尊严，同时维护职业形象。

第十章 音乐治疗师的素质要求

从1999年中央音乐学院开始招收音乐治疗的硕士研究生和2003年开始招收音乐治疗的本科生以来，音乐治疗学已经越来越成为考生追求的热门专业。其中很多考生是出于对音乐治疗的热爱，愿意毕生为中国的音乐治疗事业做出贡献；也有些是出于一时的好奇和新鲜，觉得音乐治疗是一门很神秘的学科，或者会觉得将来做一名用音乐来治病的“医生”是一件很神气的事情；也有一些人认为音乐治疗是一门新兴的学科，将来一定有很大的商机，可以挣到很多钱；还有一些人是因为发现自己在表演领域成功无望，转而想到这一行业。但是，很多人并不知道音乐治疗师的日常工作是什么，他们的工作性质是什么，音乐治疗师需要具备哪些素质。

无论是在招生考试过程中，还是遇到一些表示希望成为音乐治疗师的青年，我常常会问他们：你为什么想要成为一名音乐治疗师？对于这个问题，通常会出现两种回答：“我愿意帮助别人”，或者告诉我自己的一些生活经历或内心的困惑，希望通过学习音乐治疗来解决自己的问题。总之，大家都认为学习音乐治疗的目的是帮助别人或帮助自己。这些回答不能说不正确。但是，如何才能帮助别人？如何才能帮助自己？这是两个具有非常深刻和广泛的内涵的问题。首先让我们来看看如何才能帮助别人，这个问题牵扯到一个音乐治疗师应该具有什么样的素质。

根据美国音乐治疗学会对音乐治疗师素质要求的定义，一个专业的音乐治疗师应该具有如下素质：

音乐治疗师的人格素质包括天性乐于与人交往，乐意帮助他人，使他们有能力帮助他们自己。音乐治疗的临床工作的性质包括与所有年龄和各种能力的人们建立起有爱心的和职业的联系。共情、耐心、创造性、想象力、对新观念的开放态度以及对自我的了解都是素质的组成部分。音乐治疗师既是音乐家，也是治疗师，热爱音乐的背景也是很重要的。建议希望把音乐治疗作为事业的人通过在老人院、为残疾儿童开办的夏令营以及其他为残疾人服务的机构做志愿者去获得一些经历。（AMTA，2002）

让我们根据这一定义来分别论述一下音乐治疗师的素质要求。

乐于与人交往

在这里，“乐于与人交往”是与“帮助他人”并列成为音乐治疗师的素质要求的首要条件。确实，帮助他人这种利他主义的体验会增强自我价值感，但是这不应该是成为音乐治疗师的真正原因。帮助他人的职业的最基本的目的不是通过自己的工作来让自己感觉良好。你应该在从事一个帮助他人的职业之前，就是一个平常乐于与他人交往的人。所以这里所说的“乐于与人交往”，更多是指一个人的先天特质，而不是后天的培养。当然，这并不是说音乐治疗师都必须性格外向，但与人交往的愿望对一个音乐治疗师而言是最重要的（Borczon，2004）。人的性格没有好坏之分，但是作为一个音乐治疗师，能够与人相处融洽的人格特点却是使他成功的一个基本因素。

爱心与职业性

音乐治疗师需要具有爱心。这意味着你必须关心他人，并愿意为他人提供帮助和支持。但是你又必须具有职业性，这意味着你的爱心必须保持在一个职业的范围之内，并理解职业操守的界限。如果你在职业范围、职业道德或情绪情感方面超越了界限，治疗师—被治疗者的治疗关系就被破坏了（Borczon，2004）。爱心一旦超越了职业的界限，超出了治疗关系，就可能给治疗进程带来不同程度的破坏，有时甚至会是毁灭性的。为此，很多以助人为工作性质的行业都会规定严格的职业道德条例，音乐治疗也不例外。几乎每一个音乐治疗师在他的职业生涯中都或多或少地遇到爱心与职业性的矛盾冲突。这对音乐治疗师来说都是非常困难的情况，而处理好爱心与职业性的矛盾又是一个成功的音乐治疗师必需的能力和素质。爱心是一个治疗师必需的素质，但是爱心的过度使用或滥用又会破坏治疗关系，从而对被治疗者带来伤害。

共情

共情的能力是音乐治疗师的又一个重要素质。著名人本主义心理学家罗杰斯对共情的定义是这样的：

> 它意味着进入其他人的内心世界，并完全地在那里安顿下来。这包括敏感地、无时无刻地跟随着这个人的感受的改变而改变，去感受恐怖、愤怒、柔情、困惑或这个人的其他任何体验。这就是说，要暂时地进入这个人的生命，入微地体验而不去做任何判断。（Rogers，1980）

Borczon（2004）认为，共情是指治疗师体验与被治疗者相同的感受，但同时保持着一种分离。如果用音乐上的比喻来说，正如被治疗者演奏一个旋律，而治疗师在高八度或低八度的音域上演奏完全一样的旋律。两个旋律的感觉是一样的，但是又是分离的。如果他从大调转到小调，那你也应该做同样的转调，你保持与他的一致，但同时又是分离的。

当一个音乐治疗师与被治疗者的生活环境和人生经历有较大不同，或性格相差较远的时候，这种共情可能会变得很困难。例如也许一个身体健全的治疗师可能很难体会到一个双目失明的儿童的内心体验。这将是一个很大的挑战。但是，另一方面，当治疗师把音乐带给被治疗者的时候，音乐就会成为两个如此不同的人的感受和体验之间的桥梁，成为有力的共情媒介。

耐心

当你平静地忍受着治疗中的混乱、无效和迟缓而并无抱怨时，且在被治疗者成长和进步的过程之中与他们共同坚持时，你就表现出了一个优秀的音乐治疗师的素质——耐心。对于很多被治疗者来说，治疗上的改变可能是一个长时间的、充满艰辛的过程。我们之所以说耐心是一个优秀的素质，是因为这意味着你很可能在这个过程中已经被逼迫到了你所能承受和控制的挫败感的极限。有时候，治疗中的作业对于被治疗者来说可能过于困难，但是你并不认为走到了死胡同，那么你的耐心很可能就是前进之路。

另外，有时候需要最大耐心的可能正是你自己和自己的成长。你对自己的学习过程要小心，对自我的评价要客观，对自己的进步要有耐心。（Borczon，2004）

创造性

创造性对于一个音乐治疗师来说也是一个很重要的素质。音乐治疗师面对的既不是迷恋音乐的音乐爱好者，也不是热心学习音乐的学生，而是患有各种疾病，或存在各种生理或心理障碍的被治疗者。他们中的大部分人也许从来没有任何音乐训练的背景，甚至五音不全，或者很难理解音乐的美。同时，音乐治疗师在治疗中的音乐活动常常并不以音乐本身为目的（过程取向），所以，音乐治疗师无论是在设计一次治疗的计划，还是在临床治疗的过程中，都不能以通常意义的音乐思维来进行操作。

例如，在一个团体治疗的场合，你的治疗对象所具有的功能水平如此不同，有的人的音乐能力可能可与专业音乐家相媲美，或者他们本来就曾经是专业的音乐家，而另一些人几乎“没有音乐细胞”。你如何来设计你的音乐干预活动？又如，一些人很认真地在演奏或演唱，另一些人却意外的行为失控，使治疗无法进行下去，你如何控制局面，同时还能按照原来的计划完成治疗？这时要求音乐治疗师具有很好的灵活性和创造性，把音乐活动改造成为适合所有被治疗者的能力的活动，把既定的音乐活动改造成能够适应不同现场情况的活动。

一个人的创造性可能是天生的，但是很大程度上可以通过后天的学习和训练来获得。如果你发现自己可以在各种不同的治疗对象和不同的情况下游刃有余地完成治疗，你就可以肯定自己已经具有了一个音乐治疗师所需要的创造性。

想象力

想象力与创造性有密切的关系。它是指能够使眼前不存在的事物，特别是在自己过去的经验中不存在的事物在头脑里形成的能力。在音乐领域中的想象力可能包括当你阅读一份新乐谱的时候，头脑中可以想象出声音的效果。在音乐治疗领域，想象力意味着能够在设计一个治疗的时候，将你计划的活动根据对治疗对象的了解和经验在头脑中形成可能发生的治疗场景。如果没有想象力，你的创造性便无法形成具体的、可操作的活动。但是如果没有创造性，你的想象力可能仅仅是一种对过去已经发生过的事件或经验的记忆力而已。如果一个音乐治疗师没有创造性和想象力，他可能永远只会重复一些别人的治疗方式。由于每一个被治疗者都是不同的，每一次治疗的情景都是不同的，需要随时随地地调整和改变，所以他的治疗注定是要失败的。

对新观念的开放态度

你在音乐治疗的学习、临床实践、毕业实习和早期的工作过程中，不可避免地要接触到很多新的观念和想法，而这些新的观念和理论都会对你的知识、情绪和精神提出新的挑战。如何把这些新的观念或想法与自己的风格和人格有机地融合到一起，决定了你是否能成为一名更好的音乐治疗师。为了能够从自己的实践经验中学习和吸收营养，你必须能够对任何新的经验持有开放的态度。在涉及包括认知、生理、情绪的各种层次上的新的经验之后，你可以确定这些经验的价值，并以开放的、无偏见的视角来看待这些经验的潜在价值，让自己整合这些经验，使自己能够在主观上融入，并在客观上看待发生在你身上的这些经验。（Davis，Gfeller，Thaut，1999）

另外，音乐治疗作为一门新兴的交叉学科，不断地且越来越多受到来自各种学科如心理学、医学、生理学、电子学、社会学等的影响。这些影响不可避免地要引起对传统的音乐治疗学的理论、思路和实践方面的改变。特别是在中国，心理治疗正在兴起和发展之中，很多国外的心理治疗的理论和方法纷纷被介绍到中国，而音乐治疗与心理学的联系又如此密切，所以，一名音乐治疗师应该密切关注国内外心理学的发展，随时注意学习新的理论和方法，并和自己的音乐治疗知识进行整合。

对自我的了解

作为一名音乐治疗师，对自我的了解是一种非常重要的素质。这不仅是为了自己职业的成长，也是为了个人的成长。特别是对于那些准备涉足音乐心理治疗领域的治疗师来说更是如此。我们无法想象，如果一个治疗师连自己内心世界的困惑和矛盾冲突都没有解决，如何能帮助被治疗者走出内心世界的困惑和矛盾冲突？如果你自己对生活、生命以及自己周围的现实生活尚持有消极甚至悲观的态度，你如何帮助被治疗者走出消极和悲观的阴影？凡是带着自己的问题去试图解决别人的问题的治疗师，都有可能既对被治疗者造成伤害，也对自己造成伤害。

我在各处讲学的时候，最经常遇到的听众提问就是：“你每天接触到这么多痛苦的患者和消极悲伤的故事，你如何面对这么多心理垃圾？这些心理垃圾会不会最终影响到你自己？”我的观点是：如果治疗师自己的心理是健康的，那么他不仅不会在他的职业生涯中沾染上越来越多的心理垃圾及其消极影响，而且会从被治疗者的痛苦的人生经历中学习到自己的人生经历中所没有的对人生的深刻体验，会帮助自己成长，增加自己的人生阅历和精神财富。相反，如果治疗师自己就没有很好地解决自己的问题，那么他就很可能把自己的痛苦和困惑投射到被治疗者身上去，或者认同被治疗者内心世界的消极部分，最终造成自己心理和精神的崩溃。由此可见，一个以助人为职业的音乐治疗师对自我的了解和对自身问题的解决是多么重要的一件事。因此，我们鼓励所有包括音乐治疗师在内的以助人为职业的专业人士，都要格外地重视对自身心理的了解，必要时应该接受对自己的心理治疗。

每一个人的内心世界都充满了矛盾的、不同的人格侧面，如果一个音乐治疗师能够成功地将自己内心的矛盾人格侧面和谐地整合在一起，那么他就可以以一种乐观积极的人生态度帮助别人进行同样的心路历程，达到乐观积极的人生态度。正如一个钢琴教师必须自己具有高水平的演奏能力，才能在一个高的水平上去教授别人达到高的钢琴演奏水平。

音乐能力

音乐治疗师与各种其他治疗师最大的区别就是，音乐治疗师使用音乐作为治疗的基本手段。只有美的音乐才能发挥最大的治疗效果，因为只有通过高质量的音乐本身的魅力，才能吸引被治疗者，得到被治疗者对治疗的配合，才能最大限度的影响被治疗者的情绪、心理和体验。音乐治疗师必须同时既是治疗师，又是音乐家。所以，对音乐治疗师的音乐能力的要求是很高的。

正因如此，绝大多数学习音乐治疗的学生都被要求具有较高的音乐能力。特别是研究生阶段的学习，通常只招收音乐专业的本科毕业生。曾经有很多医学的、心理学专业的优秀大学毕业生希望报考音乐治疗的研究生，但是都被我婉言劝阻了。原因很简单，在短短的三年研究生学习的时间，非音乐背景的学生开始学习音乐已经太晚了。

根据美国音乐治疗协会对注册音乐治疗师的资格条件要求，音乐治疗师必须具有较强的钢琴、吉他和声乐的能力，因为这些音乐能力都是在音乐治疗临床上最常用的手段。此外，对各种打击乐器的演奏能力也很重要，因为在治疗过程中也会经常用到各种各样的打击乐器。为音乐旋律即兴地用钢琴或声乐提供和声伴奏背景也会为音乐治疗的过程平添光彩，所以钢琴和声乐的即兴伴奏伴唱的能力也是音乐治疗师应该具有的重要能力之一。使用包括钢琴或其他打击乐器在内的乐器即兴地演奏戏剧性的情景，如小动物的游戏、人的奔跑等，这些即兴演奏的能力也很重要。（Borczon，2004）

其他专业素质

除了AMTA所提到的音乐治疗师的素质要求之外，在临床实践中，还有一些其他方面也应该注意的对自我的专业素质培养。

（1）仪表。美国的资深音乐治疗专家Ronald Borczon（2004）在仪表方面提出了一些建议值得我们注意。他说：

你的面孔、衣着以及身体语言等都会对被治疗者的体验产生很大的影响，特别是对于那些侧重于视觉取向的被治疗者而言。你的面孔在他们的眼里是什么样的，这通常是一个强有力的非语言工具，这一点常常被很多治疗师忽视。比如，你微笑的方式，你问问题时扬起的眉毛，你不说话时嘴的模样，等等，都是你需要思考的。

一般来说，你的仪表应该表达一种接受。你的眼睛在看被治疗者的时候应该让他感到安全。在治疗中，你的眼睛应该是在观察和表达，而不是盯着看。你应该在适当的时候微笑，但这个微笑应该是自然和发自内心的，而不是做作出来的。你的身体语言应该告诉对方，你在这次治疗过程中跟他在一起感到很舒服，交叉双臂和腿都是应当避免的。总之，应当舒服和开放。

同样的原则可以应用在你和被治疗者一起在乐器上演奏音乐的时候。如果你对于正在使用的音乐媒介并不自如，那么对你自己来说就形成很大的挑战。所以你就应该增强自己在这种音乐干预方面的经验，使自己的注意力集中在治疗上而不是自己的音乐能力上。

不同的机构可能对于着装有不同的规定，你应该了解这些着装的规定，并让自己适应这些规定。如果你不能适应这些着装规定，会使你在治疗中容易。无论如何，你应该适应职业的着装，并让自己感到舒服。（Borczon，2004 ）

有关音乐治疗师的着装问题，在中国会遇到一些与国外不同的情况。在国外，音乐治疗师与心理治疗师、职能治疗师、社会工作者一样，通常是不穿医务人员的职业装（即我们常说的白大褂）的。相反，为了能为病房单调的环境增添一点外面的生活气息，他们（特别是女性治疗师）通常会穿着富有色彩的、艳丽一些的生活装束。这样做还有一个目的，就是强调“音乐治疗师不是医生”的观念。音乐治疗师应该是与被治疗者平等的工作伙伴和工作联盟，而不是高高在上的“医生”。这对建立良好的治疗关系很重要。在我国的很多医疗机构中，在心理咨询诊所里，音乐治疗师与心理治疗师或其他治疗师通常为了在患者面前显示自己的工作人员身份，喜欢身穿白大褂，以便在患者心理产生一种权威的形象。其实，这样的做法是很不妥当的，会破坏良好的治疗关系的建立。

当然，我们在强调生活化着装的同时，又要注意，女性治疗师不要穿着暴露的服装，而牛仔类服装、T恤衫等非常休闲的服装对于男女治疗师在工作中都是不适宜的。通常富于色彩而又能表现出职业风格的服装比较合适。

总之，音乐治疗师对被治疗者应该有一种具有吸引力的仪表。这里的吸引力意味着值得信任、关怀、接受、智慧以及职业性。这些仪表的特点常常会在不知不觉中被患者们在潜意识水平接受。毫无疑问，患者一定会以某种形式感受到的。（Borczon，2004）

（2）亲切感。亲切感的概念通常与好脾气联系在一起。音乐治疗师当然需要有好脾气，但是在职业场所，这还意味着参与和充满精力，以及消除距离感。我们不能想象一个面带和蔼微笑，但是在治疗中无精打采、保持距离和萎靡的音乐治疗师会给人亲切的感觉。亲切感不仅通过你的讲话和表情表现出来，而且从你与被治疗者的物理和心理的空间感觉中表现出来。和被治疗者坐在一起，握着他的手，在他难过流泪的时候抚摸他的肩膀，为他递一块纸巾……这些都是传达亲切感的常用途径。当然，每个治疗师的风格都是不同的，应该找到和建立适合自己风格的最佳的表达亲切感的方式。

在音乐的范围中，亲切感还表现为选择乐器的音色和演奏方式的特点。压倒性的音色和音量当然不会让人感到亲切，充满自我陶醉和自我表现的音乐演奏可能会炫耀你的不同凡响的音乐技能，但是它不但不会拉近你与被治疗者的心理距离，还会让他对你敬而远之，自惭形秽，重新体会到自己的卑微和渺小。如果你能够像耐心地聆听他的诉说一样，耐心地聆听他演奏的音乐，用你的乐器清晰而悦耳地轻轻地跟随、支持和辅佐他的音乐，那么你会在音乐中感到你们之间的距离越来越接近了。

综上所述，一个合格的音乐治疗师需要具备很多素质，其中有些是天生的，有些则是后天学习训练的结果。每一个职业都有各自对从业人员的素质的要求，这是从业人员的成功和一个行业整体成功的最基本的保障。音乐治疗作为一个助人的职业，对从业者的素质要求相对一些其他专业来讲是比较高和全面的。如果说我们把这些必需的素质用最简单的语言来概括，就是“健康的人格和良好的音乐能力”。这二者都既依赖于先天的素质，也依赖于后天的刻苦训练。这也是我们在音乐治疗专业的大学和研究生招生考试的过程中主要考察的因素。

参考文献

American association of Mental Retardation(AAMR). 1992. *Mental reatdation: definition, classification, and systems of supports*. 9th ed. Washington, DC; american association of Mental Retardation.

Barrickman, J.(1989). A developmental music therapy approach for preschool hospitalized children. *Music Therapy Perspectives*, 7: 10-16.

Belinet, B. P., P Van Eeckhout & Zilbovicius, M, et al.(1996). Recovery from nonfluent aphasia after melodic intonation therapy. *Neurology*, 47: 1504-1511.

Bonney, H.(1978). *Facilitating GIM sessions*. Salina, KS: Bonney Foundation for Music-centered Therapies.

Borczon, R. M.(2004). *Music Therapy: A fieldwork Primer*. PA: Barcelona Publishers.

Boxberger, R.(1961). Historical bases for the use of music in therapy. In: *Music Therapy*. edited by Schneider E. H., 125-166. Lawrence, KS: National Association for Music Therapy.

Bright, R.(1972). *Music in geriatric care*. Miami, FL: Belwin-Mills.

Bruscia, K.(1989). *Defining music therapy*. Spring City: Spring House Books.

Burt, R. K., & Korn, G. W.(1964). Audio analgesia in obstetrics: White noise analgesia during labor. *American Journal of Obstetrics and Gynecology*, 88: 361-366.

Butler, R. N.(1963). The life review: nan interpretation of reminiscence in the aged. *Psychiatry*, 26: 65-76.

Byren, L. A.(1982). Music therapy and reminiscence: A case study. *Clinical Gerontologist*, 1: 76-77.

Caine, J.(1991). The effects of music on the selected stress behaviors, weight, caloric and formula intake, and length fo hospital stay of premature and low-birth-weight neonates in a newborn intensive care unit. *Journal of Music Therapy*, 33: 180-192

Cassidy, J. W., & Standley, J. M.(1995). The effect of music listening on physiological responses of premature infants in the NICU. *Journal of Music Therapy*, 32: 208-227

Clair, A. A.(1996). *Therapeutic uses of music with older adults*. Baltimore: Health Professions Press.

Clark, M., & McCorkle, R. R., & Willians, S. B.(1981). Musictherapy-assisted labor and delivery. *Journal of Music Therapy*, 18: 88-109.

Claussen, D., & Thaut, M. H.(1997). Music as a mnemonic device for children with learning disabilities. *Canadian Journal of Music Therapy*, 5: 55-66.

Chapman, J. S.(1975). *The relation between auditory stimulation of short gestation infants and their gross of motor limb activity*. New York University.

Cotter, V. W.(1959). Effects of the use of music on the behavior of geriatric patients. Master, s thesis, University of Kansas, Lawrence.

Davis, W. B.(1985). *An analysisi of selected nineteenth-century music therapy literature*. University of Kansas, Lawrence, KS.

Davis, W. B.(1987). *Music therpay in nineteenth-century America*, 24: 76-87.

Davis, W. B.(1993). Keeping the dream alive: Profiles of three early twentieth-century music therapys. *Journal of Music Therapy*, 30: 34-45.

Davis, W. B.(1996). An instruction course in the use and practice of musical therapy: The first handbook of music therapy clinical practice. *Journal of Music Therapy*, 33: 34-46.

Davis, W. B.(1999). Music therapy for mentally retarded children and adults. In *An Introduction to Music Therapy: Theory and Practice*, edited by Willian, B. D., Gfeller. K. E., & Thaut, M. H., McGraw-Hill.

Davis, W. B.(1999). Music therapy and elderly populations. In *An Introduction to Music Therapy: Theory and Practice*, edited by William, B. D., Gfeller, K. E., & Thaut, M. H., McGraw-Hill.

Davis, W. B, Gfeller, K. E., & Thaut, M. H.(1999). *An Introduction to Music Therapy: Theory and Practice*.McGraw-Hill.

Erdman, A. F.(1934). The silent gramophone in local anesthesia and therapy. *Scientific American*, 149: 84.

Evans, I. M.(1990). Testing and diagnosis: A review and evaluation. In *Critical issues in the lives of people with severe disabilities*, edited by Meyer, L. H., Peck, C. A., & Baltimore, L. B, Brookes.

Feder, E., & Feder, B.(1981). The expressive arts therapies. Englewood Cliffs, NJ: Prentice Hall.

Fisher, K.V., & Parker, B. J.(1994). A multisensory system for the development of sound awareness and speech production. *Journal of the Academy of Rehabilitative Audiology*, 25: 13-24.

Froelich, M. A.(1984). A comparison of the effect of music therapy and medical play therapy on the verbalization of pediatric patients. *Journal of Music Therapy*, 21: 2-15.

Gfeller, K. E.(1983). Musical mnemonics as an aid to retention with normal and leaming disabled students. *Journal of Music Tehrapy*, 20: 179-189

Gfeller, K. E.(1990). Cultural context as it relates to music therapy. In *Music therapy in the treatment of adult mental disorders*, edited by Unkefer R, 63-69. New, York: Schirmer.

Gfeller, K. E., & Thaut, M. H.(1999). Music therapy in the treatment of mental disorders. In *An Introduction to Music Therapy: Theory and Practice*, edited by William, B. D., Gfeller, K. E., & Thaut, M. H., McGraw-Hill.

Gibbons, A. C.(1988). A review of literature for music development/ education and music therapy with the elderly. *Music therapy Perspectives*, 5: 33-40.

Hall, R. V.(1974). *Managing behavior: 1*. Lawrence, KS: H & H Enterprises.

Hanser, S.(1985). Music therapy and stress reduction research, *Journal of Music Therapy*, 22: 193-203.

Heller, G. N.(1987). Ideas, initiativives, and implementations: Music therapy in America, 1789-1848. *Journal of Music Therapy*, 24: 35-46.

Jacox, A. D., Pain L.(1977). *a source book for nurses and other healthy professionals*. Boston: Little, Brown.

Jelison, J. A.(1988). A content analysis of music research with handicapped children(1975-1986): Applications in special education.

In *Effectiveness of music therapy procedures: Documentation of research and clinical practice*. edited by Furman, C. E., 85-79. Sashington, DC: National Association for Music Therapy.

Johnson, R. E.(1981). Thayer Gaston: Leader in scientific thought on music in therapy and education. *Journal of Research in Music Education*, 29: 279-285.

Kurz, C. E.(1960). The effects of a planned music program on the day hall sound and personal appearance of geriatric patients. Master, s thesis, University of Kansas, Lawrence.

Lipe, A.(1991). Using music therapy to enhance the quality of life in a client with Alzeimer, s dementia: a case study, *Music Therapy Perspectives*, 9: 102-105.

Locsin, R.(1981). The effect of music on the pain of selected post-operative patients. *Journal of Advanced Nursing*, 6: 19-25.

Lorde, T. R, & Gardner, J. E.(1993). Effects of music on Alzeimer, s patients. *Perceptual and Motor Skills*, 76: 451-455.

Maranto, C.(1988). AIDS: Information and issues for music therapist. *Music therapy Perspectives*, 5: 78-81.

Marley, L. S.(1984). The use of music with hospitalized infants and toddlers: a descriptive study. *Journal of Music Therapy*, 21: 126-132.

McClosky, L. J.(1985). Music and the frail elderly. *Activities, Adaptation, and Aging*, 7: 73-75.

McGlinn, J. A.(1930). Music in the operating room. *American Journal of Obstetrics and Gynecology*, 20: 678-683

Meriam, A. P.(1964). *The anthropology of music*. Evanston, IL: North-western University Press.

Munro, S.(1984). *Music therapy in palliative hospice care*. St. Louis, Mo: Magnamusic-Baton

Olson, B. K.(1984). Player-piano music as therapy for the elderly. *Journal of Music Therapy*, 21: 35-45

Ottenbacher, K. J.(1988). *Evaluating clinical change*. Baltimore, MD: Williams and Wilkins.

Plach, T.(1980). *The creative yes of music in group therapy*. Springfield, IL: Charles C Thomas.

Pollock, N., & Namazi, K.(1992). The effect of music participation on the social behavior of Alzeimer, s Patients. *Journal of Music Therapy*, 29: 54-467.

Redinbaugh, E. M.(1988). The use of music therapy in developing a communication system in a withdrawn, depressed older adult resident: A case study. *Music Therapy Perspectives*, 5: 82-85.

Reigler, J.(1980). Comparison of a reality orientation program for geriatric patients with and without music. *Journal of Music Therapy*, 17: 26-33.

Rogers, C.(1980). *A way of being*. Boston, MA: Hougton Mifflin.

Roskam, R. A.(1995). *Feeling the sound: The influence of music on behavior*. San Francisco: San Francisco Press.

Rutter, M.(1979). Language disorder and infantile autism. In: Autism, *a reappraisal of concepts and treatment*, edited by Mutter and Shopler, E., 85-104. New York: Plenum Press.

Sachs, C.(1965). *The wellsprings of music*. New York: NcGraw-Hill.

Sarafino, E. P.(1997). *Health psychology: Biopsychosocial interactions*. Ed ed. New York: Willey.

Scartelli, J. P.(1989). *Music and self-management methods*. St. Louis, MO: Nagnamusic Baton.

Schwankovsky, L. M., & Guthrie, P. T.(1985). Music therapy for other health-impaired children. In: *Music therapy for handicapped children*, edited by Latham, W., & Eagle, C, 119-167. Lawrence, KS: Mesetraull Printing.

Sigerist, H. E.(1970). *Civilization and disease*. 3rd ed. Chicago: University of Chicago Press.

Stewart, M. L.(1977). Measurement of clinical pain. In Pain: A source book for nurses and other health Professionals, edited by A. K Jaco, 107-137. Boston: Little, Brown.

Strunk, D. B.(1981). *Source readings in music history*. New York: Norton.

Sulzer-Azaroff, B., and G. R. Mayer.(1977). *Applying behavior analy-sis procedures with children and youth*. New YorkL Holt, Rinehart and Winstion.

Taylor, D. B.(1981). Music in general hospital treatment from 1900 to 1950. *Journal of Music Therapy*, 18: 62-73.

Thaut, M. H.(1999). Music therapy with autistic children. In: *An*

Introduction to Music Therapy: Theory and Practice, edited by William, B. D., Gfeller, K. E., & Michael, H. T., McGraw-Hill.

Thaut, M. H.(1999). Music therapy in neurological rehabilitation. In: *An Introduction to Music Therapy: Theory and Practice*, edited by William, B. D., Gfeller, K. E., & Thaut, M. H., McGraw-Hill.

Thaut, M. H.(1999). Music therapy in neurological rehabilitation, *An Intraoduction to music therapy. W. B. Davis*, K. E. Gfeller, & M. H. Thaut(Ed.) Boston: McGrw-Hill College.(书中的名字有误，不是Haut)

Unkefer, R.(1990). *Music therapy in the treatment of adults with mental disorders*. New York: Schirmer.

Wade, D. T.(1985). Langton-Hewer, Skilbeck, C. E., *et al. Stroke: A critical approach to diagnosis, treatment, and management*. Chicago: Yearbook Medical Publications.

Wallace, W. T.(1994). Memory for music: Effect of melody on re-call of text. *Journal of Experimental Psychology*, 20: 1471-1485.

Weideman, D. A.(1986). *Effect of reminiscence and music on movement participation level of elderly care-home residents*. University of Kansas, Lawrence.

Wheeler, B.(1983). A psychotherapeutic classification of music therapy practices: A continuum of procedures. *Music Therapy Perspectives*, 1: 8-16.

Wilson, G. T., Nathan, P. E., & O, Leary, K. D., *et al. Abnormal psychology: Integrating perspectives*. Boston: Allyn and Bacon.

Wolfe, J. R.(1983). The use of music in a group sensory training programs for regressed geriatric patients. *Activities, Adaptation, and Aging*, 3: 49-62.

Wylie, M. E.(1990). A comparison of the effects of old familiar songs, antique objects, his torical summaries, and general questions on the reminiscence of music-home residents. *Journal of Music Therapy*, 27: 2-12.

李心天主编。医学心理学，北京：北京医科大学，中国协和医科大学联合出版社（1998）。

夏镇夷、翟书涛、徐韬园主编。临床精神医学，长沙：湖南科学技术出版社（1984）。

吕武平，金善国，唐晶等主编。心理门诊，天津：天津人民出版社（1997）。

附录一　即兴演奏治疗方法案例

一位神经损伤后抑郁症女性的治疗

Marcia Murphy，MA，CMT-BC

背景资料

Fiona是一位43岁的女性，看起来比她的年龄要更年轻一些，特别是当她第一次来到急性精神病科的团体治疗小组时，看起来特别像个孩子。Fiona有抑郁症史，被诊断为继发性双相型情绪障碍。

由于头部创伤而导致蛛网膜下腔出血和半瘫，造成行走和平衡的障碍。此外，她的身体有多处骨折，也造成了严重的运动障碍。在她缓慢的恢复过程中，当她意识到自己已经永远地失去了独立生活的能力后，她患上了严重的抑郁症。她给我的印象是一个悲伤和退缩的患者。

生理心理社会状况

在重症病房住院治疗的过程中，Fiona的生理和精神方面的问题交织在一起，形成了一个复杂的症候群，所以，需要多学科交叉的治疗。在她入院的时候，我们制定了生理心理社会综合的治疗方案。

生理方面

由于她的生理状况和对护理的较多需要，Fiona被安排在老年精神科病房。她的病史总的来说属于严重的残疾：她在39岁的时候出现蛛网膜下腔出血，这导致了运动控制功能的障碍，特别是在行走和使用腿部方面出现严重障碍。有时还会失去对胳膊和手部的控制能力。但是她可以使用轮椅，或在助步架和人的帮助下行走。

在住院初期，她还可以有时在护士的帮助下回到自己的公寓。但是一次摔倒又造成了新的创伤，使她失去了部分运动功能，重新住进了医院。

心理方面

Fiona的认知功能并没有由于神经方面的损伤而受到明显的影响，但是她不再能够保持以往在生活中的独立角色。她的注意集中能力、对交流信息的组织能力以及在日常生活管理中做决定的能力都受到影响。她的低挫折承受能力和情绪波动进一步影响了她的社会关系。幸运的是，她的颅内出血并不是很严重，流出的脑脊液所压迫和刺激的部位在运动中枢附近，但是这对情绪可能造成的影响是不能被忽视的。

Fiona的个人经历是悲惨的。她在20岁的时候与即将结婚的未婚夫分手。前未婚夫为了报复她，错把她的妹妹当作她枪杀。由于这一事件，她受到了来自全家人的压力，这导致她患上了抑郁症。

几年后，Fiona的父亲去世，她的母亲和兄弟则搬家到别的地方。他们从物理空间和情感上都远离了她。因此，她不得不成为一个完全依靠自己生活的单身女性。现在，她可以从原来的工作单位获得一般性残疾保险的补助。同时她可以从她的社区医生、社会工作者和定期的护理小组那里获得支持和帮助。但是，她曾经几次试图自杀，所以有必要被安置在精神病科进行治疗。

社会方面

Fiona的生理残疾对她社会生活的影响可能是最严重的，这使得她在社会生活中建立起来的友谊几乎全部丧失，她的生活在她的神经系统受到损害后完全改变了，从一个每天紧张忙碌工作的职业女性突然变成了一个整日躺在公寓里、依赖别人才能生存的残疾人，她的精神完全崩溃了。

她拥有一间自己的公寓，但是在创伤性事件后，她只能住在康复医院的病房里。她曾强烈地表达对于这种改变的不满，她认为自己不需要这种改变。

集体评估

经过医学审核，对于Fiona的集体治疗成为多学科医疗小组的治疗计划中的一部分。精神科住院医生为她开了碳酸锂的处方作为治疗双向型情绪障碍的药物。Fiona的情绪从哭泣和抗拒转变为敌意和破坏情绪的爆发。

在第一周，医疗小组观察到她的抑郁症状并伴随着典型的边缘性人格的行为特点。她的行为和态度属于自我伤害的，同时她看起来从住在公寓的时候开始就已经恶化了。

Fiona的年龄不是典型的老年精神病区的患者的年龄。其他病友的平均年龄是她的年龄的两倍，因此她的感受是可想而知的。但是她努力与其他患者建立良好的关系。Fiona受过良好的教育，并保持着良好的幽默感和常识。但是抑郁—躁狂的情绪波动变得越来越频繁，并直接影响到对她的治疗。当药物不能控制她的情绪波动时，抑郁症状就变得比较严重。她常常在谈到自己对独立生活的渴望时伤心地哭泣。事实上，独立生活对她来说已经不再可能，但是她始终不愿意接受这个生活改变的现实。

边缘性人格的特点表现在她将医护人员分为“好人”和“坏人”，这在她情绪失控的时候对医患关系造成破坏。

Fiona在入院的第一个周末参加了治疗小组。她抑郁—躁狂的情绪转换在第二周之后就很明显地表现出来。在集体治疗中，她表现出被动的退缩和偶尔的破坏性情绪发作。甚至在几次治疗中，她由于情绪发作而不得不被带离治疗场所。在集体治疗的过程中，她常常因不能承受治疗的活动而闷闷不乐地自我退缩，或摇着轮椅离开治疗师回到自己的病房。但是她并不是完全地不配合治疗，因为她强烈地希望自己能够早日出院。

因为喜爱音乐，Fiona被介绍到音乐治疗中来。音乐对她来说是童年的一部分，而聆听音乐成为她神经损伤恢复的开始。在音乐治疗的支持下，她开始适应医院的环境，并对音乐治疗的干预表现出积极的反应。她具有通过语言和歌唱来表现自己思想和情感的能力，能够通过使用打击乐器的即兴演奏，用嗓音来表达被压抑的愤怒和痛苦的情绪。音乐的体验帮助Fiona在治疗中面对自己生活中的重大转变，接受将要终身生活在他人照料下的现实，并学习适应这一改变。

在音乐治疗之外，Fiona还接受了物理治疗、职能治疗、舞蹈治疗和艺术治疗。这些治疗是在多学科的治疗计划中由各个治疗专业独立地设计的。

治疗过程

Fiona参加的音乐治疗小组有：合唱组、聆听小组、心理运动协调的即兴演奏小组以及自我表达、缓解紧张和自我控制的即兴演奏小组，在三个半月的住院时间内，Fiona参加了23次音乐治疗的活动，其中大部分是集体治疗的形式。

建立信任

Fiona是由她的负责护士带着来到我们的“放声高歌组”的。她看起来很退缩和安静，但是当她在小组里的时候，我们看出来她对很多老歌都很熟悉，她或者跟着一起唱，或者产生一些肢体反应或面部表情。尽管她表现出兴趣，但是看起来仍旧是抑郁的。她的行为表现为伤感的和迷惑的，除了她的负责护士外，她拒绝与任何人交谈。她始终待在自己的病房里，并在那里独自用餐。

在第一次音乐治疗之后，我邀请她在她的护士的帮助下一起参加我们的一个旨在提高精力的清晨治疗小组。虽然在治疗过程中；她很少参与，但是她是自愿参与并主动反应的。Fiona的精力水平仍然较低。在治疗中，我用钢琴现场演奏音乐来配合患者们在轮椅上做深呼吸和伸展运动。在治疗过程中，我注意到她的觉醒状态的水平在提高，她的情绪看起来变得较为开朗，并出现了微笑。通常，在这种开放类型的治疗活动中，原定为45分钟的治疗活动有可能实际上仅仅进行15到20分钟，当然以后可能进行整个45分钟的活动，这取决于小组成员的注意力状态和反应。如果小组成员对活动不再有反应，或注意力不再集中在活动上，我就会结束这次小组治疗，然后对个别患者进行个体治疗。这次集体治疗持续了半个小时。结束后，Fiona提出她是否可以弹弹钢琴。我把钢琴推到大厅的角落，然后帮助她把轮椅挪到键盘的前而。她尝试着弹了她熟悉的一首歌曲的几个乐句，然后把手缩了回来，好像她不能弹完这首歌。她看起来有些烦躁和生气，于是我问她：你在开始弹的时候想到了什么？她很快地回答道，她小的时候跟爸爸学了很多歌曲，爸爸常常在钢琴上自弹自唱。

明天就是圣帕特里克节（犹太民族的一个宗教节日，通常都会有游行庆祝活动）了，她弹奏了《凡尼男孩》（Danny Boy，曾经很流行的犹太人的儿歌）的开始几个乐句。她在校的时候曾经学习过钢琴，但是并不是很熟练。很显然，她找到了有关十多年前去世的父亲的记忆。她说这些老歌和犹太音乐让她感到安慰。

第二天，我在一个即兴演奏的治疗小组里让大家想象在纽约第五大道上的圣帕特里克节日大游行的情景。因为大游行是在周六，将没有音乐治疗小组的治疗活动。我带来了一些打击乐器，小组成员们演奏了游行的音乐节奏。活动的目的是发展协调能力和注意力集中能力，但更重要的是自发地宣泄紧张和焦虑的感受。Fiona看起来完全投入了这个活动，她一边笑着一边很有自信地唱着。在歌唱了一首热情的节日歌曲后，她说道："这让我想起了在家的时候，我们全家在一起演唱、演奏音乐的快乐时光。”

退行

接下来的一周是Fiona退行，回到她无视医院规章制度的失常行为的开始。我让她参加了一个小的封闭式的即兴演奏治疗小组，目的是提供心理刺激和协调能力。她选择了一面“刚果鼓”，在很短的一段时间中表现出兴趣之后，她便开始随意地敲打，对我所领导的集体演奏过程中的音乐模式没有表现出要参与的意图。经过几分钟随意的、漫不经心的自我沉醉所造成的不谐和的杂乱声音后，Fiona的鼓声开始参与集体演奏。不过，在接下来的讨论中，她拒绝谈论自己的演奏，并拒绝其他成员对于她的缺少集体参与的演奏方式的反馈意见。

在演奏鼓的治疗过程中，她的心扉之窗曾经一度打开，但是在后来的一周中，她由于拒绝参与所有治疗活动而关闭了。她又开始表现出一系列不恰当行为：躁狂和混乱。这些是典型的双相型情感障碍的临床行为特点。她的大声叫喊、攻击性行为显得幼稚，她为了引起注意而大声哭泣等行为显得很儿童化。她在抑郁期间不断地生闷气。因此，她没有达到自己的治疗目标，没有能够出院。

情绪表达

在后来的一周里，我在一个以放松和想象为目的的早上的聆听治疗中看到了Fiona。在一段短暂的系统放松过程后，小组聆听我专门选择的一些用来引发平静、安全的古典交响音乐的片段。

然后，我们讨论对于这项活动的感受。小组成员相继讲了从目前到小时候所经历过的类似的感觉。Fiona讲了自己的童年，以及自己对父亲的想念。她还说，自己愿意在目前的治疗基础上更进一步，并想忘掉过去。

在这次治疗后，她留在了房间里，并问我她是否能够演奏鼓，当她试着敲打这面鼓时，我选择了一面手鼓来支持她的演奏。下面发生的完全不像她在前面治疗过程中的表现。她的鼓声变得愈来愈快，杂乱无章，以致我对她的情绪进行支持和反射时感到很困难。她的鼓声变得越来越愤怒和刺耳，几乎一直在用紧握着的两个鼓槌猛击鼓面。直到她突然停下来，大声地指着鼓说："这是我的大夫的头！"她清楚地表达着对住院和她的主治医生（女性）的不满。在前面的一段爆发后，她开始哭泣。我把注意力集中于她的呼吸和声音，我和她一起叹气和呼吸，这样做看起来能够使她平静下来。经过对压抑在内心深处的情绪的宣泄，Fiona平静下来，开始了解到自己的内心情感：对往事的悲哀、对住院的愤怒和对未来的害怕。但是她是在非语言层面上来表达她的情感的。对这种复杂的感情来说，语言太贫乏了。

在后来的日子里，她能够参加我们的封闭式小型即兴演奏治疗小组，使用的乐器是一些铝板琴。Fiona选择了一个五音阶的铝板琴，看起来她被这个琴的音色迷住了。一个小组的成员说到，在合奏中，Fiona的和谐的声音最为突出。虽然小组的成员们注意到了Fiona所表达的情绪是摇摆不定的，但是大家没有感到任何威胁。其原因之一是小组成员的年龄对Fiona来说至少可以做她的妈妈了，大家允许她表达自己，而且Fiona也发现这种隔代人群的分享和支持是一种非常特殊的体验。Fiona与女性的关系成为她与她的医生的治疗关系中的关键部分。她已经就这一问题与她的心理治疗师（男性）有过讨论。

在这次音乐治疗中，主题有所改变。春天即将来临，Fiona表现出不安和能量的爆发。在治疗中，她开始在自己演奏的时候也聆听别人的演奏。在最后结束的即兴演奏中，她可以与其他人的乐器融合，因此对整个音乐起到了稳定支撑的作用。在结束前的讨论中，Fiona仍然继续否认自己对于改变的需要，但是她表示自己的音乐就像一个受伤的孩子。至此，治疗的目标就得以确定了：她究竟是一个愤怒的女人，还是一个受伤的孩子？

尽管她在音乐治疗中表现出互动，但是她在病区的社会应对能力依然是不正常的。她近来与年长的患者发生过几次不愉快的事件，在安全的音乐治疗小组环境中，她暴露了自己的情感。她以为只要暴露了情感就可以早一些出院。在试图回避与工作人员和病友讨论有关自己对未来感到恐怖的话题时，她常常变得愤怒，行为失控。在焦虑之中，还有锂治疗所带来的紧张副作用，所以，在连续一些天里，她丧失了从集体治疗中所获得的社会应对能力。

发展应对能力

Fiona正在进行的心理治疗对于她解决情感矛盾来说是很关键的。医疗小组意识到了她把工作人员分为“好”工作人员和“坏”工作人员，分为男与女的心理特点，并在会诊的时候专门讨论了这一问题。

从一个短暂的休假回来后，我看到了Fiona在即兴演奏治疗中的一些变化。她变得较少参加清晨在大厅里的音乐治疗活动。在我们的集体治疗活动后，她不是去参加每周一次的病区的社区会议，而是去见她的心理治疗师。

午饭后，她参加了小规模的音乐治疗团体。在这里，我看到她的颤抖的现象比以前更加明显了。她选择了一面鼓，可是很难使用鼓槌。有一名小组成员递给她一面手鼓，但是她拒绝了。在再一次尝试使用鼓槌的时候，她要求小组支持她。她努力地保持稳定的控制，而小组成员则用其他打击乐器来支持她的演奏。在治疗快要结束时的讨论中，她突然变得焦躁和消极，拒绝小组成员给她的反馈，强调自己的演奏在音乐中是多么强有力的指挥，然后开始发泄自己对失去对身体和生活的控制的愤怒。在她停止发言和离开房间的时候，她只表现出轻微的颤抖，但是表现出激动不安和抑郁的状态。她拒绝与我做进一步的交谈。

治疗方案的改变

在这次治疗后，我向Fiona的护士了解她的情况。我了解到，她的药物的副作用在加剧，出现了不自主运动和颤抖的现象，这造成她焦虑和挫折感的增加。结果，精神科医生决定改变治疗方案，将精神科药物（锂）药物改变为电休克治疗。

在第二天的医疗小组会议中，我们讨论了Fiona的行为问题，认为她还在继续试图操纵工作人员。小组一致认为她目前不能应对住院的环境，同时尽管我们小心地观察，锂的副作用还是到了她不能承受的程度。小组都认为改变治疗方案是必要的。

在电休克治疗的初期，Fiona出现了暂时性记忆力丧失、注意力集中困难，以及运动协调问题，并在治疗后立即出现了嗜睡的现象。在电休克治疗的第一周里，Fiona只参加了少数几次音乐治疗，在活动中，她的参与也减少了，但是她的情绪相对稳定。

在Fiona完成了为期3周的9次电休克治疗后，她的记忆力、注意力集中、嗜睡及运动协调等问题开始消失。她在参与音乐治疗活动时变得更加积极。她在治疗活动中学习通过音乐或语言的方式要求和接受小组成员的支持。Fiona在选择乐器的时候选择了那些音色的“侵略性”比较小的乐器，如音块、沙锤、铃鼓等。她发现自己有了较好的运动控制能力，并用轻轻摇动铃鼓的方式来表现自己寻找宁静和安详的意图。她把更多的注意聚焦在 “此时此地”的小组活动的过程中，并开始能够面对自己的生活的转变，而这正是她原来坚决抗拒的。

于是，音乐治疗的目标调整为两个方向：支持她对愤怒和伤痛情感的表达，并强化和保持她的心理运动控制的能力。另外，治疗还鼓励她在适当的场合表现自己人格中的率真和乐观幽默的侧面。随着治疗方案的改变，音乐治疗强化了Fiona的情绪和生理反应的控制能力，以及对生活的控制能力。而这种转变是一个平稳的过程。

出院

随着Fiona在治疗方面的稳定，她的抑郁症状消失了，情绪也稳定下来。有关她出院的计划也摆上了议事日程。医院的社会工作者与社区的社会工作者合作，与Fiona协商有关出院的过渡过程。因为Fiona对于自己的未来变得比较乐观，她还接受了出院后的一个长期护理计划。

在Fiona出院之前，我有一次短暂的外出。当我回来之后，其余的治疗主要针对她的出院和出院后的未知的新的生活情况。音乐治疗小组不仅为Fiona提供表达情绪的机会，而且可帮助她对自己的行为进行内省。更重要的是，为了帮助她出院后的新生活做准备，治疗活动帮助她建立保持生理运动和情绪稳定性的控制的应对能力。

Fiona在小组中学习、认识和接受自己的情绪和生理上的挫折的现实，她逐渐地能够较为敞开地谈论自己的悲伤情感和对自身残疾的失望。但同时，她还表达出希望能够成功地调整自己来适应未来的新生活，包括希望能与一位男性建立关系。她在治疗中变得更加真诚和直率。

在音乐治疗中，Fiona即兴演奏的音乐表达显得更加直接，并与其他小组成员进行互动。她能够在自己的即兴演奏中获得更多愉悦和满足，甚至还能够在即兴演奏中担任领导者的角色。

在最后一次音乐治疗的自由即兴演奏中，我看到改变了的Fiona全神贯注地参与音乐活动，她的音乐不再有咄咄逼人的倾向，而更具有与其他人交流的意图。在音乐结束后，她说："如果我想的话，我是能够控制好的（指身体、情绪和思想）。"

讨论和结论

Fiona经过治疗后，能够面对自己在创伤后成为残疾人的生活现实。随着更加积极地参与治疗计划活动，她对治疗过程的阻抗减少，她的生活应对能力得到了增强。她是一个充满愤怒的女性，在过去的生活经历中，她在感情上受到伤害，又因为脑神经损伤成为残疾人，在生理上和精神上进一步受到严重伤害。她经常在音乐即兴演奏的治疗后哭泣。通过多学科医疗小组的支持，Fiona成功且愉快地参与每天的各种治疗集体。她面对生活中的巨大转变所带来的困难，从原来自由的生活转变为被监护的医院住院环境，但同时又保持着自主生活的强烈观念，这正是Fiona所面临的问题，也正是治疗过程中需要解决的焦点。

因为音乐活动聚焦于创造能够给患者带来及时的满足感的音乐效果，所以音乐治疗的活动吸引了Fiona。对于她的治疗目标为：面对“此时此地”；在参与音乐演奏的过程中对自己的演奏有所控制；探索通过非语言的途径来要求和接受其他小组成员的反应。

当她能够接受小组其他成员对于她在集体即兴演奏中的表现的积极反馈意见的时候，她对医学治疗的反应也是良好的。当她的抑郁症状得到缓解后，她能够不仅仅停留在演奏，而且不再掩饰自己的真实情感和苛求的行为特点。她还通过集体治疗的过程强化和体验自己的自我控制能力和力量。事实上，她的自我评价得到增强，并在她所参加的各种活动中都表现出了自信。

另外一个重要的治疗效果是在包括音乐治疗在内的治疗过程中，Fiona开始与其他女性进行良性的互动。病区的其他病友的年龄相当于她的母亲甚至祖母。她开始有选择地与一些小组的病友一起吃饭和进行社会交往。她与女性精神科医生的关系从治疗的第一个月开始就一直保持着很好的状态。随着能够接受自己和生活的改变，她也开始能够审视自己与母亲的关系。社会工作者甚至还为她和母亲安排了一次会面。

她的兄弟曾在出差的时候几次来看望她，其中有一次是带着母亲来的。这些都是由医院的社会工作者与Fiona居住的社区的社会工作者密切合作和精心安排的家庭会晤。这些重要的家庭矛盾的调解工作对Fiona能够接受转移到一个长期的康复机构的影响很大。

来自音乐治疗小组成员的支持对她的康复和改变——从严重的抑郁到对脑神经损伤造成的残疾的适应——是非常关键的。小组允许她表达自己的情绪，但不是行为失控或退行到儿童时代，其他成员通过用音乐来支持和讨论，在封闭式的小组里帮助她学习应对自己的愤怒和悲伤，并通过支持性的反馈来帮助她认识到自己具有的对残疾所带来的困难的控制能力。

包括音乐治疗在内的各种治疗都帮助Fiona学习应对住院环境和自己的残疾现实。年龄的差异常常在Fiona的康复中起到重要作用。当其他年龄较长的小组病友向她指出她年龄较轻，还有很多时间来重新设计自己的未来生活的事实后，她的生理功能的某些丧失变得不再那么具有灾难性了。反过来，Fiona也能够表达对其他小组成员的尊重，从而强化她们在应对各自的不同情况中所表现出来的能力。所有的小组成员都能够在音乐治疗小组中表达和分享她们对于生活前途的担忧和情感。

在住院患者中，大部分人都需要来自外部的支持，从而保持她们的活力、创造性以及对生活的追求，而支持性的集体治疗提供了一个强化成员的优势和能力的平台。因为Fiona在音乐治疗集体治疗中展示出了自己的长处和领导能力，音乐的集体治疗成为她通向出院的一个道路。她在集体治疗中的积极体验增强了她对生活中出现的无可挽回的转变的应对和适应能力。

附录二　GIM 治疗案例

一位女性来访者的回忆

今天第一次去做音乐心理治疗，尽管我也不知道这对调整我的心情是否真的有效，但我对自己已经无能为力，也许这会是一个希望。反正我目前的生活也不会变得更糟。音乐治疗所在一个不起眼的小宾馆里，不太引人注意的地方使我不必回避太多人的目光。秘书小姐把我带到了治疗室。这是一间十平方大小的房间，靠墙摆放着一张类似美容院用的那种床，床边是一些放音乐用的设备。房间中间是一个玻璃制的小茶几，两把明黄色的塑料椅对放在茶几两边。小姐一进屋便将窗帘拉上，房间里的阳光立即变得柔和了。隔开了外界的喧扰，一个人的内心世界也许会变得更容易打开。她要我填一张调查表并告诉我医生很快会来。

我独自坐在这个小房间里，不知道接下来会发生什么。调查表的内容没有什么特别。第一页询问你的身份、学历、家庭状况以及有无酗酒、服药现象。第二页问你有何音乐或舞蹈方面的特长。我认为自己没有。接着问你喜欢听什么音乐，我写了古典和流行。而后的问题我却不知该如何回答。“你目前的问题是什么？”这当然是指我来这儿的原因，但此刻我没有办法表白。我只好放弃，等医生来了再说。我在报纸上看到过一些有关音乐治疗以及这家治疗所创建人高天的一些报道，不然我也不会想到来做音乐心理治疗。我来这里是因为我正处于一种无法自拔的困境中而不知该如何解救自己。另外，这种音乐治疗与我以前了解的心理治疗不同。它是让患者在完全放松的情况下通过音乐宣泄自己的情感，从而达到排除心理障碍的目的。这种治疗方式更容易让人接受。我是不会去医院做心理治疗的，仿佛我真的成了患者。

不知道高天是一个什么样的医生，他的工作好像很忙。我从要求做治疗到接到回复的电话间隔了两个星期。如果不是后来接到了回电，也许我已经放弃做治疗的打算了。我是在一种极度无助的情况下打电话要求治疗的，而后几天，我的心情平静了一些。我甚至认为自己太敏感了，也许事情还没有严重到要看心理医生的地步。但当秘书小姐打电话来咨询情况时，我发现其实我内心的痛苦从未有丝毫的减轻，甚至可能更沉重了。在上次的电话里，我大概叙述了自己的情况，高天对此没说什么，只说先做一次心理咨询，然后再决定下一步的治疗。从电话的交谈里，我想象不出他的模样，应该是一个中年男人，但愿他不是一个胖子或秃头之类的。尽管我不太计较一个人的外貌，但至少我希望在他面前不要有太多障碍。外面的门被打开了，我听见有人在打电话，好像有患者的家属在咨询有关治疗的情况。我听到有关食管堵塞无法服药，以及他建议患者在安定医院再住一段时间的话。我心想：“天哪！我只是心理出了问题，还没到精神病的地步。我是不是来错了？”其间，他从门口向里看了一眼，我们彼此点了一下头算是打招呼。他应该比较高，和他的姓一样。戴一副眼镜，年龄在三四十岁左右。讲完电话后他走进屋，随手关上门，房间变得更为狭小和隐秘了，在某种意义上说也更具安全感了。他脱去外衣，在我对面的椅子坐下。看上去他既不令人讨厌，也不特别亲切，普通人而已。他有一头略带自然卷的头发，这也许稍算特别。他看着我填的调查表，念了一遍我的名字然后说：“我对你的名字有印象，它在我的留言箱里好久了。”我暗想：“是啊，快两星期了，要不是后来有了回音，也许我没有勇气再面对自己的问题了。”他一边看调查表一边问我一些相关的问题。

“你现在的心情有什么不好？”

“我觉得压抑。”

他一边重复一边写了下来。“是什么让你觉得压抑？”他的眼睛正视着我，等待我的回答。

我觉得有什么东西堵在我的喉咙里令我说不出话来，在那沉默的几秒钟里，我的心仿佛快跳出来了。

“我不知道该怎么说。”

接下来又是沉默。为了缓和一下气氛，他开始问我一些关于工作、家人及日常生活的问题。每次我只是做简短的回答。其间他看过一次表，我知道自己不是来这里聊天的，一小时400元的治疗费对我而言也是相当奢侈的消费。我明白不管多么艰难，最终我还是要面对自己的问题。于是我开始进入正题了。“其实那天在电话里，我已经说了一些情况。”我希望他能想起来，也许他问我答的形式能更快地让我说出自己的心里话。

“我记得那天你有些欲言又止。”他的回答打消了我的希望。我想着该如何开始，心里却难以平静，太多沉重的东西压在心里，以至我现在回想起来连呼吸都变得不自然了。泪水渐渐涌向我的眼眶，我依然开不了口。他可能察觉了我的变化，我没有去正视他，只听见他说：“来这儿的人都是一些心里遇到事儿的人，没关系，到了这儿你想说什么就说什么，想哭就哭出来。”

他把放在茶几第二层的一盒纸巾拿到了桌面上。这盒纸巾我刚来时已经注意到了。我想到这儿来的人难免要哭，纸巾在这里可能是一种必备品，但是我希望自己最好不去用它。因为即便是心理医生，在一个陌生人面前哭泣也会令我觉得尴尬。此时此刻，我却感到今天我一定会流泪了。

“我有一个男朋友，我们在一起生活三年了，他有一个家庭，他的家人在国外。以前我以为我们在一起只是时间问题。但现在发生了许多事，我不知道该如何选择。”

“他对你的感情如何？”高天问我。

“现在我也说不清了，应该是有感情吧。”

“看来你很爱他。”他几乎是在下定论而不是提问。

“是吧。”

“他对你有过什么承诺吗？”

“没有明确说过，而且我也不相信什么承诺。生活的环境会变，周围的人在变，我们自己也在变，人有时无法承诺任何东西，因为你也不知道以后会发生什么。”高天点了点头表示赞同。

想想在这三年中发生的许多事，我的确无法相信世上还有什么永恒的东西。我和桦的相识纯属偶然，也许是缘分，更像是命中注定的，两个年龄、生活环境那么不相同的人相遇并相爱了，人生里的确有许多事是说不清的。我认识他时还很单纯，不知道男人是什么、爱情是什么。我只生活在自己的世界里，以为天下没有什么解决不了的事情。然而生活会慢慢教人认识许多你原本不了解的事情。说不清是什么时候开始的，当意识到那一份感情的牵挂时，我已经沉进爱情的漩涡而无法自拔了。

应该说是桦把我拉进这场感情的纠葛中的。因为我从未主动地去接近他，但我也没有防范他。我并不了解男人和女人有很大的不同。当男人想拥有什么时，是不会顾虑太多的。我懵懵懂懂的一头栽了进去，沉浸于爱情的惊喜里，根本没有理智地想过自己会有一个什么样的未来……直到我们生活了一年后，我问他是否考虑过娶我，他说他没有想过。当时我整个人都懵了，尽管我知道我们在一起没那么容易，但无论如何我也想不到会是这样的结果。

那天可能是我有生以来第一次觉得最难过的一天。晚上失眠，头疼了一夜。第二天上班，因为新换的工作，没有太多事情做，一个人坐着发呆。好希望电话能多一点，能分散自己的精力。实在忍不住了，跑到卫生间坐在马桶上流泪，好了再出来。如此反复，眼睛早就肿得不成样子了。还好说是起针眼，也没太多人在意。晚上回到我们的住处，我准备离开，尽管还不知道去哪里。一边收拾东西，一边放音乐，感觉心被一点一点地撕裂……

桦开口挽留我了，让我给他一年的时间，因为他有许多要解决的困难，他要入籍，他的孩子还小，只有三岁。但是没过几天，他又反悔了，因为他不知道一年以后会不会兑现这个承诺。那天窗外下起了雨，让我想到“天若有情天亦老”。我没有离开他，因为心里的那份感情还在，因为我没有离开的勇气，因为毕竟他想给我们彼此一个未来。虽然不一定实现，但至少还有希望。日子一天天地过，虽然有时还会觉得恐慌和不安，但在一起的幸福与快乐冲淡了心里的阴影。又一年过去了。

在他出国探亲时，他的妻子提出要和他离婚，因为他不想到国外生活，而他妻子不想回国。但最终他没有同意，因为他离不开他女儿，因为美国的国籍没办下来，因为他看到妻子一个人带着孩子在国外生活的艰难而感到愧疚。

我开始绝望了，如果在他妻子要求离婚的情况下，他都没有勇气接受，那我们还有什么希望？为什么我每年都要伤害自己一次呢？难道我还没有受够吗？又一次收拾东西，又一次要离开，只是这一次比上一次还惨。那时我正失业，经济上都不知道该如何解决。而后的几天，一个朋友介绍我帮人看展位，我认识了两个新加坡人。在交谈中我的幽默、开朗，根本无法让人相信我是一个刚刚经历了感情挫折的女孩。那几天我稍微找回了一些自信的感觉。但晚上我还是回到我们一起住的地方，因为我还没有别的去处。但我回来的都很晚，睡另一个房间。

桦又开始在意我了，但我真的有些麻木了。几天后，在一次吃饭时，他说后悔这次没有同意离婚，因为入籍的事让他拖延了。当他说想以后和我要一个孩子时，我被感动了，因为他不是一个喜欢随便说说的人，因为他不曾真的想要过孩子，因为他自己还是一个孩子。我再一次决定留下来，为了我们能有一个幸福的未来。因为那是我一直渴望的。

而后的一年，发生的事更多了。我怀孕而后流产。他太太和女儿入了美国国籍。他妻子开始怀疑他了，因为他在一次出差时去看望妻子和女儿，他用国外家里的电话给我们住的地方打电话，没有人会自己打电话给自己，除非和他在一起的还有别人。

最终，我接了他妻子的电话，也许因为厌倦，也许因为累了，也许想知道还有什么是我不知道但感觉不确定的东西。那天我受了更大的刺激。他妻子在电话里说从未说过要和他离婚，而且她和女儿准备回国。他们一直都想再要一个孩子。如果这一切是真的，那么证明我爱上了一个骗子。我无法相信这一切，如果我的智商已经低到这种程度，那真不如一头撞死算了。

我等着他证实一切，但他既不澄清也不否认。我打了他，可能我已经崩溃了。在那以后的一段时间里，我好像什么都会做出来，真的连杀人的心都有了。其实他一直在犹豫不决，虽然他对我有很深的感情，但并不代表他有勇气和能力解决自己的问题。而我一直以为感情可以解决一切问题。他说本来准备给我们一个未来，但现在他妻子知道我们的关系，一定会回国，我们不可能在一起了。我没想到会是这样的结局。当一切明了后，我只能等待判决。永远不要和有妇之夫谈感情，不仅是因为你要背负更多良心和道义上的谴责（无论你多么善良或无辜），而且你永远要付出的比别人多，永远没有人会同情你。你注定要在这段感情里承受更多痛苦。

我离开了他，尽管非常艰难。我依然没有工作，因为怀孕后我辞职了。我咬着牙想办法让自己站起来，这是我唯一的出路。就好像我是从一堆废墟中爬出来的，身上没有一块完好的肌肤。但我必须站起来，只要我没有选择死亡，就必须有活着的样子。他有时会打电话询问我的情况，我尽量回避。因为我再也经不起伤害了。但是感情最大的问题就在于纠缠不清，毕竟我们彼此心中的感情是不可能在很短的时间里消失的。我们见面时心里还有彼此牵挂的感觉。

过了一个月，桦向妻子提出离婚，而且他并不是在我要求的情况下这样做的。他的妻子不同意。可我又一次看到了希望。不管结果如何，毕竟他做了选择，因为他所做的这一切，我不能离开他。接下来，他去国外探亲，尽管谈了离婚的事，但没有结果，他妻子还是不同意。而且，他的女儿要回国上学。这意味着我们不可能住在一起了。

问题总是一个接一个的，我真的无法承受。晚上心烦，冲下楼去散心，从楼梯上摔下来，扭伤了脚。而后，他的女儿回国了，他开始找房子。我帮他收拾东西准备搬家。我尽心尽力地做一切，帮他女儿收拾房间、买衣服，我也在问自己："难道你准备好做继母了吗？"但是，孩子这么小，有什么过错，应该得到更多的关心和爱护。可是孩子还是改变了许多事情。他发现了做父亲的责任，这没有什么错。但如果一个孩子需要父亲，自然也需要母亲。我不可能成为那个母亲。尽管他女儿也喜欢我，甚至曾经叫过我"妈妈"。

也许为了孩子放弃自己的感情是值得的，因为我生活在一个算不上幸福的家庭里，我知道家庭对一个孩子的重要性。但为什么牺牲的是我？为什么我得不到自己的幸福呢？谁又应该为我失去的孩子承受痛苦呢？我不想伤害别人，同样不想伤害自己，我太了解受伤的感觉了。

今年圣诞节，他妻子回国探亲，他们谈判的最终结果是：我可以做他的情人，他的妻子也同意。尽管她不会是出于真心的愿意。这就是我将要面对的结果，我等待的是他提出离婚或和我分手，现在却是这样的结果，好像进入了一种和平共处的状态。其实是两个人都不愿做出选择。现在，选择的问题再一次回到我面前。我没办法接受这样的现实，不知道他们是否真的明白这意味着什么？在这三年中，我太懂得“情人”的含义了，这会让我们三个人生活在一种尴尬和残缺的状态里。谁也不会幸福的，甚至还会伤害他们的女儿。两个受过高等教育的人会做出这样的决定吗？

一个星期后，他告诉我他妻子怀孕了。我真的连痛苦的感觉都没有了。生活真的是比戏剧丰富多了。它有时如此荒唐，我甚至能感觉自己有想要堕落的危险。我开始想要报复他了，我已经不在乎是否会毁掉他的生活。因为我已经彻底绝望了，但我意识到如果想要毁掉别人，最先毁掉的将是自己。然而，在这个世界上，无论多么强烈的爱或恨，没有人值得你毁了自己。我只好痛苦地活着。我一个人走在大街上，忽然就会被一种孤独和悲伤的感觉笼罩着，忍不住流下泪来。这时我有了看心理医生的念头。

2月14日——情人节，我们见面了。他好像和以前一样，我不知道我们是否还有希望。而后他再没有联系我。当我再次打电话联系他时，他的态度有了很大的转变。直到上一次，他说他累了，不想再联系了。我真的被掏空了，只剩下一个空壳子了。这就是我来看心理医生前所经历的一切。当然我并没有将这一切全部告诉医生，因为它沉重得连我自己也无法打开。

“你们现在的状况如何？”

“他也不知道自己想要什么样的生活，他希望我能试着开始新的生活。”

“你对这话怎么理解？”

“我想他和我一样觉得迷茫，不知道该怎么办。”

“以我对男人的了解，当一个男人说这样的话的时候，表示他已经做了选择，如果他还在考虑，他会说让你等他，告诉你他还需要时间。”

他的话好像击中了我，也许我心里也在这么想，只是不想去面对。之后他说：“并不是每一段感情都会有一个圆满的结果，但不必过于悲观难过，因为你经历了感情的美好，你拥有它。比起那些一辈子没有体会过真爱的人，你要幸运得多。”

我心想：“是吗？我拥有的痛苦也要比别人多得多，这难道算幸运吗？”

高天好像看出了我的心思，接着说道：“现在和你讲什么大道理都没用，通过治疗，把你的感情宣泄出去，人自然就变得轻松了。有人说时间是治愈创伤的方法，但我认为这不是一个好的办法。时间是一种压抑的过程，而我们的治疗是一种释放的过程，让你今后的生活不再背包袱。而且不要因为经历了一次感情的创伤就不再相信男人，不再相信爱情。”

这仿佛说出了我的心里话，因为我觉得自己要走过这段感情的创伤可能要很长时间，而且它很可能影响到我今后的生活，把我变成另一个人。我无法开始新的情感，过正常人的生活。

之后他介绍了治疗的过程，我便开始了第一次的音乐心理治疗。

第一次治疗

我躺在床上，耳机里传来音乐声，伴着轻柔、舒缓的音乐，高天开始了他的治疗：

“想象你躺在一片草地上，阳光照在你的双手上，你的手渐渐地发热了，不想动了，不能动了……”

他按照身体的部位一遍一遍地重复着这些话，在音乐的背景下，他的声音仿佛有一种催眠的作用。我的身体慢慢地放松下来，心情也渐渐轻松了。泪水忽然从我的眼角滑落，我开始有些自怜了。可能是我的心已经累得太久了，此刻，这种宁静的感觉真是久违了。

高天一定注意到了我情绪的变化，他停下来提醒我集中注意力。我继续配合他的治疗。

“想象着你在树林里看见一条小路，你沿着小路一直走……告诉我你看见了什么？”

我试着按他形容的情景去想象，伴着音乐，想像自己走在林间的小路上……路的两旁有树，一辆马车经过……我想起了电影《翠堤春晓》的情节，约翰·施特劳斯和他的朋友坐着马车穿过树林。树林中宁静的氛围给了他灵感，创作了那首著名的圆舞曲《维也纳森林的故事》。之后马车渐渐走远了，小路上只剩下我一个人。耳机里传来小提琴凄美、柔和的旋律。一个男人穿着燕尾服站在湖边拉琴。

高天问我能否看清他的脸，但我看到的只是背影。他的琴声好像在安慰我，告诉我一切忧伤都会过去。但我的心并没有因此平静下来，我感到十分矛盾，而且找不到出路。音乐从小提琴变为女声合唱，我看到眼前出现了许多路，我站在这些路的起点，所有的路都通往不同的方向。

音乐声变得越来越急促，仿佛在催促我做出选择，令我自己越来越紧张不安。高天要我选择一条路，然而我最终还是无法做出决定。我发觉脚下的路在旋转，那些路渐渐消失了。忽然，我看见眼前漂浮着许多纱，她们如轻风曼舞一般包围着我，令我觉得迷茫而混乱。随着音乐的转换，我发觉自己来到了一个舞台。我听见高天在耳机里重复着说："对，舞台。"好像他也看到了我想象中的景物。

他的这种重复或追问推动着我一步一步去接近自己内心深处的感受。我站在舞台中央，不知道自己要做什么，同时，我又发现自己站在舞台后面的观众席上，剧场里空无一人，除了我和舞台上的我。我感到自己的真实感觉是在观众席上的我。高天鼓励我走过去，看一看舞台上的自己。我试着走过去，看看另一个自己在做什么，我一步步靠近舞台，但在走到一半的时候，我却突然紧张、激动起来，我转身疯狂地冲出剧院。

剧院外车水马龙，熙熙攘攘的人群让我感到莫名的恐怖。我好希望能回避这种热闹、忙碌的场面，找一个没人打扰的地方放松自己。音乐渐渐平静下来，我看见一所教堂，神圣而庄严。教堂顶上耸立着十字架，天空一片蔚蓝。教堂前面的广场上有许多鸽子，广场上的人们安静、平和。但我发现自己正悬在半空中俯视着这一切。我想融入下面的宁静，却无法跨越眼前的这段距离。眼前飘过一团一团浮云，地上的一切消失了。之后，我看到一个美丽的女子在弹竖琴。她的姿态美丽而安详，在她周围有乐队，人们演奏着不同的乐器。

这时音乐结束了，高天让我慢慢地回到现实中来。我睁开双眼，不太相信自己竟能在音乐中联想到如此多东西，而且我知道自己在治疗过程中流泪了。

高先生开始看我的治疗记录："第一次做治疗，不一定很快能进入状态，大多数人从第三、四次开始宣泄自己的情感。不过，随着音乐，你还是带出了自己的一些内心感受，反映了你的内心的矛盾。比如，你看到许多路，不知道如何选择。最主要的是你看见自己站在舞台上，而你不敢接近自己，这说明你可能害怕面对真实的自己。"之后，他问我现在的感觉如何？我说轻松一点儿了。他说："回去以后，可能你会有沉重感，不过你不必担心，这都是治疗中的正常反应。"我们约定了下一次治疗的时间。

走出治疗室，已经临近中午了。我不紧不慢地走在大街上，人变得有些恍惚了。周围的环境并没有改变，依然是熙熙攘攘的人群。然而，我明显感到自己对周围的感受减弱了，变得不敏感了。我没有乘车回家，一个人慢慢地走了两三站地。阳光透过树叶洒到地上，一种温暖而生机勃勃的感觉。每天在各种纷纷扰扰的环境与内心种种的矛盾中挣扎，早已感觉不到生活中这些细微的变化了，而那一天，这种感觉在不知不觉中又回来了。

第二次治疗

4月6日是第二次做治疗。距上一次治疗已经过了两星期（中间因为高天出差了）。在这两周里，我的心情稍微平静了一些，以往焦虑的情绪减轻了许多。但在这十几天里，我的生活并没有变得多轻松。尤其在4月1日前后。并非因为4月1日是愚人节，我担心受什么人的愚弄，而是我清楚地记得去年的4月1日我和桦之间有一个约定。也许他根本不记得了，约定是我提出来的，去年的4月1日，我给彼此一年的时间作为期限，在这一年里，我们都有重新选择生活的机会。我可能重新认识别的男人，开始新的感情。他也可以考虑调整和他太太的关系，甚至他们可能会再有一个孩子。

然而一年过去了，我们改变了什么？我依然没有走出这一段感情，他也依然没有明确的选择，甚至在年初，他太太回国的时候真的怀孕了，但依然没有任何结果。尽管我没问过，但我想他们并没有要那个孩子。因为生活里有太多没有把握的未来，谁也不知如何选择才是对的。好像改变的只有时间，我们依然生活得很迷茫。

4月1日那天，我几次忍不住想打电话给他，也许我不去谈关于我们之间的事。坦白地说，我和他一样精疲力竭，没有力气再去追问了。而且我害怕他会厌烦我，好像我成了他的负担，我的自尊和情感经不起这样的伤害。但我也无法忍受他就这样消失在我的生活里，甚至连一句再见也没有。我只想知道他过得好不好，或者只是听听他的声音，告诉我他还存在。但转念一想，我这么做有什么用呢？我知道如果我打电话给他，他一定会说他过得很好。然后问我生活得怎么样？我也会回答很好。再之后，我们之间可能是一片空白。两个曾那么相爱的人面对这一刻该是多么无奈。何必去证实那些可能或不可能的存在呢？存在或不存在对我而言真的有意义吗？我在矛盾中度过了4月1日。

回想起我们在一起度过的幸福时光，虽然没有什么特别的，但因为心中的那份爱，一切都有了光彩。现在，我觉得在那些日子里，自己仿佛生活在天堂。我想起了“昔日重来”中的一段歌词。

Yesterday once more /Looking back on how it was /In years gone by /And the good time that I had /makes today seem rather sad /so much has changed.（昔日重来，蓦然回首，流逝的时光已不在，如今的我如此苍白，沧海桑田，多少情感已随岁月改变。）

度过了4月1日这一天，我慢慢放松了下来。当一个人不再去拼命追寻答案时，答案也就变得不重要了。

但是过了几天，我还是忍不住打电话给他，我在拨电话号码时几次按到一半就放弃了。我不知道他的近况如何，会对我说些什么。如果像上一次那样对我说：“我累了，不想再谈了。”那无疑对我又是一次打击和伤害。但我忍不住想去探明究竟。即便现实令人伤心，但它终归是真实的。我宁愿去面对真实的痛苦也不想活在幻想中的可能里。电话通了，我却希望没人接，但我还是听到了他的声音。

“是我”，我开口了。

我们简单地在电话里问了一下彼此的近况。他说要去接他女儿，晚一点儿再打给我。晚上他没有再来电话，我也没有再打。可能我打电话只是一种心情焦虑时的宣泄，并没有指望有什么结果。

再次坐到治疗室里，依然和以前一样的陈设。只是床的方向调了过来，因为上次我说窗户的阳光有些刺眼。床上原来普通的枕头变成了一只小猪模样的靠垫。高天在我之后进了房间。他先看了上次的记录，而后问我这几天的情况。我如实回答了他。他问我现在对这段感情的看法，我说现在我已经不再想做任何努力了，一切顺其自然。他认为这样有利于我的治疗，因为如果一边关注自己的内心，一边又关心别人的想法，会对治疗形成一种干扰，不利于治疗的进行。

“不知道现在对你说是不是有些早，其实你所经历的感情最终会成为你人生的一笔财富，它丰富了你的人生经历，使你拥有比别人更多更宝贵的东西。”

这些话让我想起桦常说的一些话。每次我在痛苦地问他是否后悔时，他总说：“不后悔，因为我活过了。”我有时也在想，如果生活给我一次重新选择的机会，即使我知道会是今天这样的结果，也许我还会走相同的路，毕竟我真正地爱过。但是我所承受的痛苦有时也会提醒我，这一切是否真的值得？

“你近一段心情怎么样？”高天看着我问道。

“觉得孤独。”我不太情愿说出来这些感受，它让我觉得自己现在很可怜。

“还有吗？”

“不知道算不算，好像有一点儿自我封闭。”

他点头，一边写一边说“不愿意与人交流”，之后又看着我问：“还有吗？”

我开始感到难受了，他总是在不停地让我面对自己的痛苦。本来我以为这次我会好一些，我拿出了纸巾。

“怎么了？”他问。

“来这好像是在给自己揭伤疤，真不知道我为什么要花钱受这份罪。”我苦笑着说。

他笑了，表示同意。的确只有当你能正视自己的痛苦并战胜它时，你的伤痛才算真正消失了。这道理我懂，但做起来真的不容易。所以我才来这里强迫自己去面对。因为我不想永远活在痛苦里。但来到这里我又觉得自己好像还没有准备好，偶尔会有想要逃走的念头。

也许为了缓和气氛，高天换了一个话题：“你们在一起有什么特别令你难忘的事吗？”

“没有，只是一些日常的生活片段。”

“比如你们一起出去旅游或其他什么难忘的经历？”

“没有，他不喜欢出去旅游，当一个人感情投入时，所有平淡的日子都会变得与众不同。”

他不再问了，我想所有经历过感情的人，都懂得在爱里一切都会变得美好和与众不同。

高天说上一次我在做的过程中有些回避自己，希望这次我能勇敢一点，面对自己。

这次他把我带到了相邻的另一间治疗室，这间的布局和原来的那间一样，只是没有窗户，更容易让人进入治疗的状态。戴上耳机，一切和上次一样。我慢慢随音乐进入自己的内心世界……

“想象着自己站在湖边。”高天说道。

我试着随音乐进入想象——湖边仿佛有树，乌云在天际翻滚，瞬息万变的天空就像此刻我复杂多变的心情。音乐渲染和加深着我的情绪。这种紧张压抑的情绪使我无法开口表达自己。

“湖水是什么颜色的？”

“深色的。”

“站在湖边，你现在的心情是什么样的？”

“伤心……很大的雨，我在雨里漫无目的地走，浑身都湿透了。”

“现在你是什么心情？”

“悲伤。”

“能形容一下你的悲伤吗？”

“雨水像鞭子一样在抽打我。”

“雨水打在你身体的什么部位？”

“前胸。”

“仔细地体会一下雨水打在你胸前的感觉。”

音乐换了一段，显得更加凄凉，带我进入更深的悲伤。泪水已抑制不住地流下来，我甚至哭出了声。

天哪！我竟看见自己被钉在十字架上，我的手腕被钉子刺穿，鲜血不停地从伤口中流出。然而最痛苦的是我无法解救自己，我的双手不能动，我只能眼睁睁地看着自己承受痛苦而无能为力。要让我的双手解脱，肢体必须穿过钉子，这意味着我还要经受更大的疼痛。我没有足够的力量这么做，但我很快意识到一味地这样承受痛苦无异于等死。

“试试你能不能把钉子拔下来。”

“我正在拔。”

“拔下来了吗？”

“好像解脱了。”我也不知道解脱的过程是什么样的，可能我不敢想象。然而新的束缚又开始了，我发现自己身上缠满了白布，而且越来越多，我变成了一个木乃伊。

“变成了木乃伊，你是什么感觉？”

“我讨厌这样，我想解脱。”

“试试你能否解脱自己。”

我努力去解缠在身上的白布，然而刚刚解开仿佛又有了新的一层，好像永远也解不完，一层一层地直至我的身体像陀螺一样旋转。我的头开始眩晕了。终于，一切都消失了。

我发现自己在水里游泳。

“现在你在做什么？”

“在水里游泳，看不到岸。”

“好像有一条船。”（这条船和李察·基尔在电影《激情交叉点》片尾临死前看见的那条船很像。剧中李察·基尔扮演一个始终徘徊于妻子、女儿与情人之间的男人。他挣扎在感情的矛盾中，最终他选择与情人在一起。他开车急速行驶在高速路上准备去见自己的情人，途中他遇到了车祸。当他被送进医院时，医生认为通过手术可以挽救他的生命，但他死在了手术台上。在手术中，他看见自己与情人在大海里尽情地游泳。忽然，他的妻子与女儿从一条船上向他挥手告别，他想叫住他们，但船还是渐渐远去了。当他回身时，发现自己的情人也不见了。此刻在海水中的他一定感到万分惊恐与无助。也正是此时，他手术中的心电图变成了一条直线，他的生命就此结束了。无法承受意外的不是他的身体，而是他的心灵。）

我的呼吸变得更加急促了，我能感觉到自己胸部的起伏，因为我看见那艘船迎面朝我撞了过来。我被撞成了无数碎片。那些肢体的碎片散布在海水里，慢慢沉淀了，消失了。

音乐渐渐平缓了，我发现自己仰面躺在水面上，阳光照着我的脸。我觉得很疲惫，内心渴望宁静。我来到了一个沙滩上。

“沙滩上有什么？”

“不知道，我看不到。”

“对不起，我想去一下卫生间。”也许是生理和心理的双重作用让我说了这句话。我觉得高天好像有一点失望，因为在治疗中他一直都在鼓励我。

我站在卫生间的镜子前，不太相信自己刚刚感受到如此强烈的悲痛，也许我内心经受的比我想象的要复杂得多，我对他的感情比我以为的还要深。

回到治疗室，高天说：“后面剩下时间也不多了，而且你已经回到了现实的状态，不太容易再进行治疗。不过，这次进入的比上一次深入，比上一次的效果好。”

“你是不是头痛？”他问。因为我双手不停地按摩着太阳穴。“不是，”我只是在放松自己，“我没想到会是这样的，我没想到会如此强烈。我不知道是否还要继续下去，我好像还没准备好。”

“其实这很正常，大多感情上经历的痛苦比我们想象中的都要更强烈。治疗中反映的也是你内心真实的感受，不过它只是一种心里的感受，并不表示你真的经历了你想象中的事。当然，我们的治疗是自由的，你随时可以终止。不过，如果你现在停下来很可惜，因为你正处在一个比较关键的阶段，如果你能顺利度过，你以后的治疗会越来越轻松。而且你发现了吗？你所想象的事物都很美。”

“美？”我暗想，“我只觉得痛苦，当然许多时候痛苦也是一种美，但我还不太想过多地去体会这种美。”

“因为你所经历的感情是美好的，而且你是一个感情很丰富的人。”他继续说到。之后，他讲了一些他以前接触的经历比我痛苦得多的人的治疗经历。在治疗中，他们战胜自己，找到解救的力量。我想他是在鼓励我。

“我没想到感情经历对我有这么大影响。”我疑惑地说。

“通常在情感得到合理宣泄和解决后，不会有负面的影响，但如果不能，轻的会成为一道伤疤，使人不能去碰，重的会影响到一个人的性格，让他从此变成另一个人。”这些话好像说出我心里害怕的事，因为我感到这段感情经历很可能会给我今后的生活留下阴影。

他接着说：“在治疗中，我也在寻找各种方法，有时可能找得到，有时可能找不到。我是在不停地尝试，也需要你自己去寻找。”

“也许我的痛苦和我的一次流产有关。”我不知道自己怎么就开口说出来了，好像是很自然的。以前我从未说过有关我怀孕和流产的事，倒不是我有意隐瞒，因为我觉得说出来也没用，一切已经发生，不可改变了。而且，已经过了一年多了，没必要再折磨自己了。但近来我发现时间并不能减轻我的痛苦，我所经历的一切像烙印一样刻在了我的记忆里。可能在某个夜晚，它会忽然跳出来，提醒我一切伤口依然在那里，疼痛的感觉真实而强烈，甚至比以前更强。因为在我经历那一刻时没有时间去体会痛苦，而当我回忆时，一切当时缺省的部分如今加倍地折磨着我。

“这是更大的痛苦。”高天说。

“我甚至能回忆起那天的每一个细节。”我好像在自言自语，我的眼睛不敢去正视他。尽管房间里的灯光很暗，但面对过去的回忆，我的内心依然感到强烈的疼痛。

高天说到了他以前在治疗中遇到过有相同经历的女性，这使他明白流产对于一个女孩子来说其实是相当痛苦的。“也许作为一个男人，我永远无法真正地理解一个女人这时的痛苦，但是我会努力地去理解。”他有些无奈地笑了笑，我想他的心理学知识这次也无法帮他了，毕竟身为男人是很难理解女人的这种痛苦的。

我完全进入我自己的痛苦里了。“我没有想到他已经那么大了。”我哭着说。我的手比划着那个孩子的大小。“我没想到他已经是一个人了。我没有办法去决定一个人的生与死，也许让我自由地去选择，还会是相同的结果，但我连一个选择的机会也不能给他，我无法知道他是否愿意开始或结束自己的生命。这件事对我的打击非常大。我知道每天都会有这样的事情发生，但我无法平静地面对。我们都是这样出生的，我们每一个人来到这个世上好像都只是一个偶然。生与死有时并没有什么道理，生命其实是很脆弱的。”

“我的痛苦可能在于我看见他的样子了。”我清楚地记得在一盆血水里的那个已经成人型的孩子。这个景象鲜明地印在我的脑海里。每当它从我的记忆中跳出来时，我只能流泪默默承受内心的折磨。想起我的一个朋友对我说过，我做了一件很残忍的事。我问她是对孩子还是我自己，她说：“都是。”现在我发觉她说的是对的，因为我常常觉得自己像犯了罪，无法原谅自己。

“我还记得医生说的每一句话。”

高天可能以为医生说了一些刺激我的话，虽然医生的话的确刺痛了我，但并不是他想象的那种。

我去医院检查时已经怀孕快三个月了，之前我身体的变化并不明显，所以我没有在意。另外当时他的妻子回国探亲，我回家和父母住在一起，不方便去医院检查。加上我刚刚找到了工作，内心深处出可能不愿意去证实它。没想到等我去医院时，医生告诉我，因为孩子已经太大了，不能做药物流产，需要人工流产，必须住院观察以免发生危险。这意味着我必须辞去现在的工作，我没有考虑接下来自己身体和精神上要经受的痛苦，我先前所设想的计划都无法实现了。我当时的工作虽然算不上很好，但在我失业近半年的时间，这份工作带给我的不仅仅是经济上的独立，还意味着我开始找回自信。我已经找好了新的住处，准备过更为独立的生活。但现在一切都恢复原样了。

我不是一个爱抱怨生活的人，然而，那天我站在医院的走廊上，手里拿着医生开的住院证明，第一次觉得老天对我不公平。为什么？为什么偏偏在这个时候，在我试着让自己重新站起来，重新开始新生活的时候？我多么需要这样一个机会，但生活连这样的机会都不肯给我。泪水无声地从我的脸上滑落，女人这两个字有时如此沉重。

接下来的B超检查让我体会了另一种打击，给我做B超的是一个年轻的男医生，他的话像针一样刺痛着我。“你的孩子已经11周了，为什么不要呢？孩子的头都已经出来了，这孩子还挺爱动的。”他还做了一张孩子脸部的扫描图让我留做纪念。尽管这孩子不会是健康的，因为我服用了避孕药，但这不能减轻我的痛苦。虽然怀孕是男女双方的责任，但女人承受了男人永远无法想象的痛苦。

“每天在每一家医院都会发生这样的事，医生早就已经麻木了，但当它发生在我身上时，我还是无法把它看成平常的事。昨天好像我自己还是一个孩子，可以对我不喜欢的事说‘不’，今天我竟然可以孕育生命了。人仿佛一下子长大了，还要面对如此艰难的决定。”

房间里的光依然很暗，但我始终低着头，不敢和高天的目光接触。

“以前我并不能了解怀孕和流产对一个女孩来说是如此强烈的痛苦，有些女人可能会做过许多次而并不在乎，刚才你所说的让我的内心受到了一些触动。你是一个真正的女人，你的身上具有一种母性，你让我体会了一种女性的美。”

我没有想到他会说这样的话，因为我的内心深处有一直有一种很强的负罪感。他的话让我感到一种人与人之间的关怀和温暖。

“我知道自己是一个真正的女人。但无论如何，我所经历的已不能改变。对我而言，它只是一种经验和教训，我无法体会它的美。我不知道自己能否从现在的状态中走出来。”像是在问他，更像是问我自己。

“我相信你可以。”高天好像十分肯定。

“我知道我是不想生活在现在的这种状态里的，但我不知道要花多长时间。”我依然不确定。

“不会太久，可能会很快。有时候治疗结束得比我们预想的还早。有些人经过三四次治疗就可以恢复。人都有一种自救的力量，在某一次关键的治疗中战胜了自己，从此，一切问题都迎刃而解。”

我的心慢慢地从刚才的激动和痛苦里平静了下来。“其实我也不知道把这些说出来有什么用，毕竟它已经发生过了。”

“你觉得说出来好一点吗？”他问到。

“好像轻松一点儿了。”我说。

“你觉得和那些做过许多次流产而完全不在乎的人比，哪个更好一点呢？”

我想了一下说：“可能还是我这样好一点吧。”其实，在心里我认为没有哪一个女孩子可以把流产看作一件平常事。大多数人第一次做都会受很大的打击，可能是有些人不想面对自己的痛苦，而渐渐变得麻木了，以至对自己的身心都无所谓了。也许这是逃避痛苦的一种办法。但从另一个角度看，这可能是更大的悲哀，因为她们已经不再是原来的自己了。

我约定了下一次治疗的时间。尽管这次的治疗中断了，但我觉得自己的情绪在好转。一下子说出了心里的痛苦，人也仿佛变轻松了一些。

第二天下午，我开始回想前一天的治疗，我觉得自己开始变得平静下来了。当我回忆过去的痛苦时，心里的感觉不再那么令人无法忍受了。我想现在的状况的确十分混乱。尽管许多时候，我觉得这样的结局对自己很不公平，但生活的现实的确如此，我可以回避或不接受，但这是我自己的生活，我不能指望别人成全自己，我只有自己成全自己。如果还是一味地这样牵扯下去，我只会让自己变得越来越软弱。许多事情是要靠自己去争取的，爱和生活的能力与勇气是谁也夺不走的。我开始考虑什么是我真正想要的生活。

这时，桦打来了电话。上个星期我曾说希望他能偶尔打电话给我，因为我还不能适应这种转变。他问我近况如何，我说还好。我说："你不必打电话给我了。"因为我不想成为别人的负担。如果他不想或不敢接近我，我不想他勉强自己。尽管在我痛苦时，我希望他能理解或分担一些，但我从不强迫别人去接受自己。更何况，现在我发现自己开始拥有走出痛苦的力量了。很快，他又打来了电话，问我刚才的话是什么意思？我觉得有些可笑，人与人之间的强弱可能是相对的，曾经我愿意不顾一切地成全他的幸福，哪怕面对痛苦的只是我自己。真正的爱应该是无私的，有时候衡量真爱的办法就是当你自己的幸福与所爱的人无法一致时，你是否愿意牺牲你自己。我把他的感觉看得比自己的重要。有几次我看到了他的痛苦，但我告诉自己这是他必须面对的，我需要他做出选择。只有在他选择之后，我的付出才是值得的。但每次我还是宽容了他，好像宁愿自己多受一点苦，也不忍看他受煎熬。我告诉自己这是我愿意的。但人就是这样越不经历痛苦，越无法成长；虽然害怕失去，但又不知道如何去争取；失去时痛苦，得到时又不懂得珍惜。

我告诉了他我在接受心理治疗，现在情绪稳定了许多。他告诉我，这个星期他也很难过。面对这样的结局他也很伤心。我感觉到以前他一直在隐瞒我什么，这次他的变化一定有什么原因。他说，为了入籍，他的太太在国外已经五年了，本来她并不愿意分开生活，但为了他，还是一一做到了。他的良心无论如何也过不去。

这些年我也一直不过问他和他爱人之间的事，因为我认为他自己应该懂得如何去分辨自己的情感。如果有什么是涉及我的问题，他会告诉我。现在我才渐渐发现，其实他有时真的像一个孩子，无法确定自己想要的生活。我一直误认为他懂得如何选择生活，但一个人爱和生活的能力并不与年龄和经历成正比，许多时候要看一个人对于自己和生活的感悟能力。我一直沉浸在感情的漩涡里，忘了如何面对真实的自己。我只是一直在等待一个无法确定的结果，尽管我也感到恐怖和不安，但我始终没有勇气面对自己的问题。如果我们的感情最终没有结果，如果我发现他和我想象中的并不一样，我该如何面对和选择自己的感情？也许这些疑问一直都存在，只是我不让自己去仔细思考而已。因为我对于他的爱太强烈了，使我迷失了自己。

即便在我和他通电话的时候，我也无法完全控制自己的感情，我能感到自己的身体在颤抖，我的声音里还夹杂着哭泣。但与以前不同的是，我开始能感觉到自己，当他说到他的一些事情时，我不是一味地让自己去迎合他，我开始变得客观和理性了。毕竟有许多事是他做错了，应该改变的是他而不是我。我可以原谅他，为了我自己的情感和拥有一个良好的心态。但我不会委屈自己，我的委屈换来的至多是他的内疚，而我的生活不会因为他的内疚而变得更好。我的幸福在于我对生活的勇气与能力，而且一直都应如此。我以前竟忽视了如此简单的道理。现在我懂了，经历了这一切，我长大了，成熟了。

而后的几天，我变得平静而激动。平静是因为在面对自己的情感时不再那么折磨自己了，我发现是我自己束缚了自己，总是纠缠在没有结果的问题上。激动是因为我渴望开始新的生活，让自己走出过去的阴影。我只是隐隐感到过去的想法行不通，还不知道如何让自己找到新的出口。我需要勇气与智慧帮助我完成这一次成长。

此刻，我的心情令我想起在《动物世界》里常看的镜头：当动物幼崽成年的时候，他的父母会忽然把他从家里赶走，让他过自己的生活。年幼的小动物在离家时总是一边走一边回头张望，期盼他的父母能再次挽留他，但他再也没有回去的机会了，从此开始了属于自己的生活。尽管我在心里知道这一段感情已渐渐远去，不该让自己沉浸在过去的回忆里，但是在选择离别的这一刻，我还是忍不住无限眷恋地去回想过去的种种幸福时光。耳边响起了张艾嘉的那首老歌："走吧，走吧，人总要学着自己长大。走吧，走吧，人生难免经历苦痛挣扎。走吧，走吧，为自己的心找一个家。也曾伤心流泪，也曾黯然心碎，这是爱的代价。"

我想人应该是这样长大的。

一天下午，就在我心绪不定的时候，我接到了桦的电话。他约我吃饭。我还弄不清这顿饭的含义。我不知道自己是否应该去。一方面，我想弄清自己对他的感情，另一方面，我又害怕陷入以前的局面。我既没有答应也没有拒绝，我希望考虑一下。放下电话，我发现自己变得难以平静，身体甚至有些发抖。我想也许时间太短了，暂时还是不见他的好。可一个小时以后，我又觉得没有什么面对不了的，我必须学会战胜自己。即使我现在做不到，也总有一天会做到。所以当下午他第二次来电话时，我没有拒绝和他见面。

吃饭的地点在北京一家有些名气的海鲜餐厅。6：30左右我先到了那里，门口不时有轿车出入。我觉得这里应该是一处适合商务会谈或公款消费的地方，并不适合人们谈感情。那天的风比较大，为了避风，我走进了旁边的一家写字楼。没过多久，他的电话来了，说路上堵车，让我先进去等，他已经订好了座位。

进了餐厅，领位小姐把我带到餐厅中央靠近表演舞台的一张桌子边。我坐了下来，要了一壶菊花茶。我环视着周围的环境，大厅里布置了二三十张桌子，大厅中央是一个用于表演的舞台。大厅后面有左右两个弧形楼梯通向二楼的包间。包间外侧的走廊设置了一些适合两人用餐的小桌。大厅的房顶很高，屋顶装饰成了天空的图案，并悬挂了许多支形吊灯。也许在北京这样的城市里，每天都有许多人（尤其是商人或政客）要在这种灯火辉煌的氛围中度过，但此刻我的心里有一种说不出的寂寞。可能自然界是我更向往的地方，我觉得自己从来不属于这样的地方。看见他我该说些什么？尽管我心里比以前平静了许多，但对于这一份感情该何去何从，我仿佛没有明确的答案。

没过多久，他来了。看着他朝我走来，我心里却产生了一种陌生和距离感。我们已经两个多月没见面了，但我知道这种陌生与距离感并不仅仅是时间造成的。他问我是否点菜了，我说没有。于是，我们走到装海鲜的玻璃缸前挑选，他点了一只小龙虾和两个海胆。我说别点太多了，以免浪费。我们彼此之间多了一分客气与不自然。此时，我忽然怀念起我们在一起时做的榨菜肉丝面，可口而实惠。其实女人要的东西并不多，但大多数男人不能体会。不能享受生活那一份踏实与平淡感觉的往往是男人。点完菜后，我们换到了二楼走廊边的小桌用餐，这里的气氛比较安静。

我想放松自己，但我表现得并不自然。因为我总想让彼此谈谈目前内心的真实想法。他的态度和我想的完全不一样。尽管发生了许多事，但他都避而不谈。他甚至根本不控制自己的感情，只是沉浸在自己的激情里。他要求我到他家过夜，这让我感到既为难又痛苦。我的感情压抑了很久了，但在我需要他时，他并不在我身边。我必须小心翼翼地处理自己的伤口。现在，他又不顾一切地宣泄自己的情感，难道他还不知道这种激情会带给我伤害吗？我只能在自己有力量的时候，才能接受这样的感情。因为当他开始感到痛苦或无力时，是考虑不到我的感受的。难道他不知道我其实无法承受这一切吗？我有着非常丰富的情感，但这些情感如果控制不好会令我非常痛苦。

那天晚上我很矛盾。我不知道该拿他怎么办，拿自己怎么办。我也在告诉自己，我不会只生活在痛苦里的。我既在寻找自己的真正感受，又在考虑我的感受带给自己和别人的是否是伤害。甚至在我回到了他的家里，躺在他的怀里时，我也在不停地考验和验证自己。终于，我还是听到了自己心里的声音：不管怎么样，我不会回到以前那种混乱的生活里；不管他为我做什么，我要学会用自己的感受去生活。我最后还是拒绝了他的要求。

天刚一亮，我准备离开，我还要去做心理治疗。前一天的一切像是一场考试，虽然我的成绩还不算好，但我没有让自己失望。他一脸沮丧。我不知道该如何安慰他。有些事谁也帮不上忙，只有自己靠自己。虽然经历了这么多事，但我竟然没有被自己打败。我甚至比以前更完美。许多时候，由痛苦带出来的人生启迪会比其他任何情感要丰富和深刻得多。

那天我到得有些早。我站在街上回想昨天和以前发生的一切，忽然觉得其实没什么大不了的，我是完全可以让自己好好地生活的。周围的一切好像都变得新鲜了，包括我自己。

第三次治疗

再次进入治疗室，我遇到了以前相同的问题："这星期过得怎么样？"

"我不知道该如何形容，好像全好了。"

高天有些意外。我自己也无法相信，和上一次的状态相比，我的变化的确太大了。我也不知道这种变化是从何时开始的，只是它变得越来越清晰、越来越明确了。我不再沉迷于过去的痛苦，也开始重新认定我和他之间的感情关系。爱和占有有时非常相似，但爱并不等于占有。也许他对我的感情更多的是占有。我在爱中迷失了自己。有时，爱的奉献与自我迷失很相似，在适当的时候应该学会说"不"。不管对方如何想，如果那的确不是你真心想要的，就不要勉强自己。

高天很高兴看到我的变化。我忽然发现心理医生是一个令人羡慕的职业，他们从自己治疗好的患者那里找到了成就感，从每个人战胜自己的经历里体会到人性的坚强与力量，并从这些力量里看到了生活的意义。所以，尽管心理治疗是一种比较繁重的脑力工作，但它还是有许多值得付出的理由。

再一次，当听到音乐传到我的耳朵里时，尽管音乐渲染的气氛并不轻松，但因为我内心充满积极的力量，这一次我看到了完全不一样的景象：我沿着小路走在树林里，阳光透过枝叶洒在我的身上。我的眼前出现一片花的海洋，我在其中尽情地奔跑，感受到了无限的喜悦与自由。

所有的门都在我面前打开了，那里曾经关闭的快乐与痛苦都被释放出来。音乐渐渐进入低沉的曲调。我远远地看见一座宫殿，壮观而雄伟。我独自在宫殿前跳舞。眼前忽然一片漆黑，心也随着紧张起来，在黑暗中，我隐隐能看到火光，走近时看到了一堆篝火。看着这堆篝火，我觉得自己好像曾经被燃烧过。在火中飞出了一只重生的凤凰，它的羽毛耀眼而美丽。面对重生的这一刻，我感受到了无限的喜悦。而后，我感觉自己变成了一只鸟，在空中自由地飞翔，微风轻抚着我的脸庞，自由而舒畅。我看到了大海，感到内心无限的开阔与明朗。

乐曲的转换带我进入了另一番景象。远远地，我看见一个人走在雪山上，他步履蹒跚。可能他已经有些老了，但我相信他会走到春天。翻越了雪山，他来到了山顶，从山上看下面壮观而美丽的峡谷。我能感受到他内心深处的那种征服自然的力量。

眼前出现了一片辽阔的草原，开阔、宁静而美丽。忽然下起雨来，这雨令我感到了一些忧伤，不过很快又雨过天晴，天边出现了一道彩虹。雨后的一切清新而美丽，在大自然奇妙的力量下，所有的生命都变得很明朗。我甚至能感到一种生命永恒的力量。

远远地，从地平线的海面上驶来一条船。港口里，人们挥舞着双手欢呼着。我看见从船上走下来的人与港口上的人拥抱，享受着重逢的喜悦。我没有发现自己要找的人。我坐上了一条帆船，独自享受航行的快乐。忽然，我发现了一个小岛，岛上的景色如同人间仙境。我想很少有人来到过这个岛，我尽情地欣赏岛上的美景并为自己的发现感到惊喜和赞叹。

音乐转入优美柔和的曲调。我看见湖面上游着一只美丽的天鹅，她的体态娴静优美，我知道她可以去任何自己想去的地方。我被她的美深深打动了，那是一种经历了痛苦和忧伤后展现出的美。现在她正在享受着生命带给她的快乐。她与周围的自然融为一体，十分和谐。

我发现自己站在河边看焰火。缤纷的礼花在空中绽开得壮观而辉煌，如同生命的璀璨。这让我体会了人生的美好，想要由衷地感谢生活。

我看见自己在宽敞的练功房里跳舞，穿着黑色的芭蕾舞衣。我的舞姿舒展而优美。另一个我则在一旁观赏着自己的表演，欣赏着我所展现的美并感到自己对生活充满了热爱。

清晨宁静的树林，周围的一切宁静而美好。树林里仿佛有一种大自然的声音。我细心体味自然的细微变化，感到生命自由自在。

音乐结束时，我仍沉浸在刚刚的喜悦里。这是我第一次在治疗过程中笑，而且发自内心地感到喜悦。

睁开双眼，我第一次感受到治疗过程是那么美好的经历。虽然在治疗前我已经预感到了，但那些美好的体验还是令我感到有些意外。

高天说我的治疗可以结束了，本来在治疗之前他还担心我可能多少会沉浸于以前的悲伤情绪里，但现在看我已经完全走出来了。他问我现在的感受如何，我仍然有些兴奋。

“以前我总认为自己所经历的感情是一种抹不去的伤害，感到自己很可悲，甚至觉得自己可能永远走不出那种受伤害的感觉，但现在我不后悔经历了这样的感情。因为不管结局如何，在这段感情里，我的感受是真实的，不管是悲伤还是喜悦，我都感受过了。生命的长度虽然是有限的，但你可以增加它的深度与广度。现在看来，我拥有比别人更多的生命体验。我甚至觉得自己是赚到了。因为有太多人只是活着而已，感受不到自己在真实地生活，甚至不知道自己想要过什么样的生活。”

“尽管我在感情上经历过很多波折，但现在看来，那些经历好比一种外在的环境，如同阳光、空气或风沙，而我是一颗好种子，我决定长成今天的样子。”

“对，其实每个人的生活都是自己选择的结果。”高天说。

“但我还有一些顾虑，不知道该如何处理和我朋友间的关系，我不想彼此成为仇人，也不想回到以前混乱的状态。我有点儿担心如果处理不好，我会再次迷失自我。”

“以你现在的状况看应该不会回到以前的状态了，按你觉得自然的状态去生活。”

“没想到音乐会有如此神奇的力量，现在我对音乐有了新的认识。”

“在治疗过程中，人处于一种完全放松的状态，此时，音乐带给人的冲击是与众不同的。至于为什么在治愈情感过程中，许多人会产生新的生命体验这一点，许多心理学家也解释不清。但在心理学上认为，人所经历的情感伤害是可以被医治好的，因为生命本身是美好的。”

结束了最后的治疗，我忽然变得有一些留恋。一切转变得如此突然，以至于我自己不太相信这一切是真的。在临别时，我伸出了手非常真心地对高天说：“谢谢你！”尽管我们是医生与患者的关系，我的治疗是要付费的，但我还是从治疗中获得了意想不到的帮助。

高天握住我的手说：“从男人的角度看，你是一个非常有魅力的女孩子。相信你会有非常美好的未来。”我想了一下说：“当机会来的时候，我会好好把握的。”

走出治疗室，我没有回头再看一眼。和第一次来这里时相比，我的情绪已经发生了巨大的改变，在这里发生的一切好像是一次心灵的探险。现在，我带着成功和战胜自我的喜悦回到了现实生活中。尽管现实生活好像没有任何改变，但我相信，只要我忠于自己、相信自己，我完全有能力将自己的生活变得更加美好。街上的景物并没有改变，但我忍不住发自内心地笑了出来。

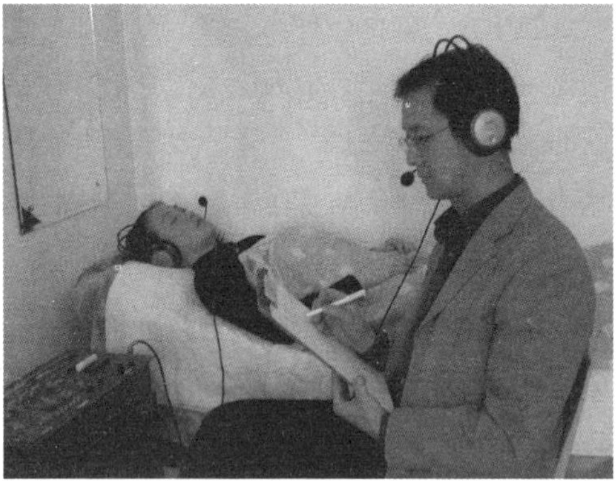

图1　GIM的音乐心理治疗

图2　孤独症儿童的音乐治疗

图3　智力发展障碍儿童的音乐治疗

图4　精神科医院的音乐治疗（一）

图5　精神科医院的音乐治疗（二）

图6　老年医院的音乐治疗（一）

图7　老年医院的音乐治疗（二）

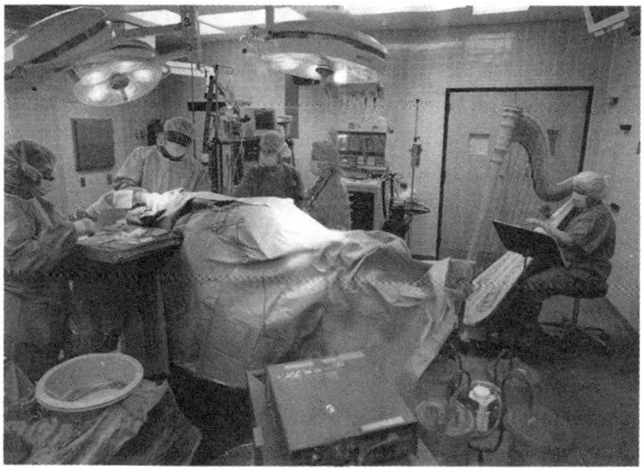

图8　外科手术中的音乐治疗